James Dobson
Minderwertigkeitsgefühle –
eine Epidemie

James Dobson

Minderwertigkeits-gefühle – eine Epidemie

Ursachen und Überwindung von Minderwertigkeitskomplexen

Editions Trobisch

Weitere Bücher von Dr. James Dobson:

Unsere Kinder sind unmöglich
Die Macht der Gefühle

Die amerikanische Originalausgabe erschien unter dem Titel
HIDE OR SEEK im Verlag Fleming H. Revell, Inc.

ISBN 3 87827 047 X

Postfach 2048
7640 Kehl a. Rhein
Deutsche Bearbeitung durch
LITERA, Christliche Verlagsagentur
Umschlag: G. J. Fotoservice, Bumm
Gesamtherstellung:
St. Johannis-Druckerei C. Schweickhardt, 7630 Lahr-Dinglingen
Printed in Germany 19481/1983

Dieses Buch widme ich in tiefster Achtung meinem Vater, dessen Einfluß auf mein Leben tiefgreifend gewesen ist. Ich beobachtete ihn genau während meiner Kindheit, und doch enttäuschte er mich nie. Nicht einmal erlebte ich, daß er seine innern Überzeugungen und seine persönliche Ethik gefährdete. Seine Werte sind also zu meinen Werten geworden, und sein Leben hat den Weg meines Lebens festgelegt. Jetzt bin ich an der Reihe, für die beiden Kleinen wertvoll zu sein, die mich »Papa« nennen.

Inhalt

Einführung

Vor kurzem lief im amerikanischen Fernsehen ein Interview mit John McKay, einem erfolgreichen Football-Trainer an der Universität von Südkalifornien. Im Verlauf des Gesprächs kam die Rede auch auf seinen Sohn. John McKay Junior ist einer der Stars in der Mannschaft seines Vaters. Der Interviewer wollte wissen, ob Vater McKay stolz auf die Leistungen seines Sohnes ist. Die Antwort gab mir zu denken:

> »Ja, ich freue mich, daß John letztes Jahr eine gute Saison hatte. Er bringt gute Leistungen, und ich bin natürlich stolz auf ihn. Aber ich wäre genauso stolz, wenn er überhaupt nicht Football spielen würde.«

Damit wollte Trainer McKay folgendes sagen: Johns Football-Talent wird zwar anerkannt und geschätzt, aber seine menschlichen Qualitäten hängen nicht davon ab, wie gut oder schlecht er Football spielt. Der Sohn wird also von seinem Vater nicht weniger geachtet, wenn die nächste Saison Mißerfolge und Enttäuschungen mit sich bringt. John hat einen festen Platz im Herzen seines Vaters. Mit seinen Leistungen als Football-Spieler hat das nichts zu tun. Leider gibt es nur wenige Menschen, die wie John McKay denken.

Normalerweise gilt das Gegenteil: Menschlich wertvoll sind in unserer Gesellschaft nur diejenigen, die Erfolg haben. Schönen Menschen ist dieser Erfolg bereits in die Wiege gelegt. Intelligente Menschen brauchen auf Anerkennung nicht lange zu warten. Superstars werden umschwärmt. Aber niemand wird nur deshalb für wertvoll gehalten, weil er da ist.

Schon unsere kleinen Kinder sind durchaus in der Lage, die eigene Wertlosigkeit in unserem System zu erfahren. Die meisten unserer Kinder haben schon sehr früh beobachtet, daß manche Menschen wertvoll sind und manche nicht. Sie merken es ganz genau, wenn sie zu den Verlierern gehören. Wir Eltern bringen ihnen auf verschiedenste Weise unbeabsichtigt bei, daß sie sich diesem System anpassen müssen. Schon im Säuglingsalter kleben wir dem Menschen ein Preisschild auf, das seinen Wert anzeigt. Das Ergebnis kennen wir: Minderwertigkeitsgefühle. Wahrscheinlich gehören Sie und ich auch zu den Opfern.

Aber das muß nicht sein! Dieses Buch soll Eltern und Lehrern helfen, selbstbewußte, gesunde Kinder zu erziehen. Unsere Kinder brauchen sich vor niemandem zu verstecken, sie brauchen sich nicht vor Scham zu verkriechen.

Ich möchte Ihnen in diesem Buch eine »Strategie« vorschlagen. Und ich bin sicher: Wenn wir diese Strategie anwenden, dann können wir unseren Kindern neuen Mut geben. Vor allem aber können wir sie dahin führen, daß sie wirklich das Gute in unserer Welt suchen.

1

Minderwertigkeitsgefühle – eine Epidemie

Von Anfang an war sein Leben mit den »klassischen« Nachteilen belastet. Seine Mutter war eine gut gebaute, herrische Frau, der es schwerfiel, überhaupt jemanden zu lieben. Sie war dreimal verheiratet gewesen. Ihr zweiter Mann hatte sich von ihr scheiden lassen, weil sie ihn regelmäßig verprügelt hatte. Der Vater des Kindes, das ich hier beschreibe, war ihr dritter Mann. Er starb an einem Herzinfarkt, ein paar Monate vor der Geburt des Kindes. Die Mutter mußte arbeiten, um den Lebensunterhalt zu verdienen.

Von ihr erfuhr dieses Kind keine Zuneigung, keine Liebe. Was Disziplin und Erziehung ist – auch davon erfuhr er während jener ersten Jahre seines Lebens nichts. Die Mutter verbot ihm sogar, sie an der Arbeitsstelle anzurufen. Andere Kinder hatten nur wenig mit ihm zu tun. Also war er meistens allein. Seit seiner frühesten Kindheit wurde er nicht akzeptiert. Er war häßlich, arm, ungezogen und von niemandem geliebt. Als er dreizehn Jahre alt war, mußte ein Schulpsychologe feststellen, daß dieses Kind wahrscheinlich noch nicht einmal die Bedeutung des Wortes »Liebe« kannte. Während der Adoleszenz wollten die Mädchen nichts mit ihm zu tun haben. Mit den Jungen prügelte er sich.

Obwohl er einen hohen Intelligenzquotienten hatte, versagte er und verließ das Gymnasium schon nach der sechsten Klasse. Er hoffte, man würde ihn vielleicht beim Marineinfanteriekorps akzeptieren. Man sagte, dort würden Männer »gemacht«. Und er wollte ein Mann sein. Aber seine Probleme verließen ihn nicht. Die anderen Marineinfanteristen lachten ihn aus und verspotteten ihn. Er schlug zurück, sträubte sich gegen die Autorität und wurde schließlich vor ein Militärgericht gestellt. Man warf ihn aus dem

Marineinfanteriekorps hinaus. Da stand er nun, ein junger Mann in den frühen Zwanzigern, ohne Freunde und völlig gescheitert. Er hatte eine kleine, schmächtige Statur. Seine Stimme krächzte wie die eines Jugendlichen. Auf dem Kopf bekam er schon die ersten kahlen Stellen. Er besaß keine Begabung, keinerlei Befähigung, keine Selbstachtung. Er hatte noch nicht einmal einen Führerschein.

Er versuchte es noch einmal. Er dachte, er könnte seinen Problemen entkommen, also zog er ins Ausland. Aber auch dort lehnte man ihn ab. Es hatte sich nichts geändert. Er heiratete dort ein Mädchen, das selbst unehelich zur Welt gekommen war, und brachte sie mit nach Amerika. Bald begann auch sie, ihn zu verachten – genauso wie alle anderen. Sie gebar ihm zwei Kinder, aber er genoß nie die Stellung und Achtung, die ein Vater haben sollte. In seiner Ehe kriselte es. Seine Frau verlangte immer mehr von ihm, aber er konnte es ihr nicht geben. Er hatte so sehr gehofft, sie würde ihm eine Verbündete gegen die bittere Wirklichkeit der Welt sein. Aber sie wurde sein boshaftester Gegner. Sie war stärker als er, und sie verstand es, ihn einzuschüchtern. Einmal schloß sie ihn zur Strafe im Bad ein. Schließlich zwang sie ihn, fortzugehen.

Er versuchte wieder, allein auszukommen, aber er fühlte sich so entsetzlich einsam. Nach einigen Tagen solcher Einsamkeit ging er nach Hause und flehte sie an, ihn wieder aufzunehmen. Er demütigte sich völlig vor ihr, er verlor jeden Funken Stolz. Und sie stellte ihre Forderungen. Trotz seines dürftigen Gehalts brachte er ihr achtundsiebzig Dollar als Geschenk. Sie durfte mit dem Geld machen, was sie wollte. Aber sie lachte ihn nur aus. Sie lachte über seine schwachen Versuche, die Bedürfnisse der Familie zu befriedigen. Sie überschüttete ihn wegen seines Versagens mit Hohn. Sie machte sich in Anwesenheit ihrer Freundin über seine sexuelle Impotenz lustig. Einmal fiel er vor ihr auf die Knie und weinte bitterlich. Dies war wohl die schwärzeste Nacht seines Lebens, das ihn wie ein Alptraum umgab.

Schließlich resignierte er. Niemand wollte ihn. Niemand hatte ihn je gewollt. Er war total am Ende. Sein Ego lag zerbrochen im Staub.

Am nächsten Morgen war er völlig verändert. Er stand auf, ging in die Garage und nahm ein Gewehr, das er dort versteckt hatte.

Er nahm es mit zu seiner neuen Arbeitsstelle in einem Buchlager. Am 22. November 1963, kurz nach Mittag, jagte er von einem Fenster im dritten Stock dieses Gebäudes aus zwei Patronen in den Kopf des Präsidenten John Fitzgerald Kennedy.

Lee Harvey Oswald, der abgelehnte, von niemandem geliebte Versager, tötete den Mann, der mehr als alle anderen Männer seiner Zeit Erfolg, Schönheit, Reichtum und familiäres Glück verkörperte. All das fehlte Lee Harvey Oswald. Als er das Gewehr abfeuerte, setzte er die einzige Fähigkeit ein, die er während seines ganzen elenden Lebens entwickelt hatte.

Oswalds persönliche Probleme entschuldigen sein gewalttätiges Verhalten sicherlich nicht, und ich will auch nicht versuchen, ihn von Verantwortung und Schuld freizusprechen. Aber wenn wir Verständnis für seine innerlichen Qualen und seine Verwirrung aufbringen, so hilft uns das vielleicht, in ihm nicht nur den bösen Meuchelmörder zu sehen, sondern auch den bedauernswerten, gebrochenen Mann, zu dem er geworden war. An jedem Tag seines Lebens, von den einsamen Tagen der Kindheit bis zu seinem im Fernsehen übertragenen, aufsehenerregenden Tod, erfuhr Oswald das erdrückende Bewußtsein seiner eigenen Minderwertigkeit. Schließlich – wie es oft der Fall ist – schlug sein Kummer um in blinden Haß.

Das schlimme an der ganzen Angelegenheit ist, daß Lee Harvey Oswald in seinem von vornherein fehlgeleiteten Leben keine Ausnahme bildet. Sicher reagieren nicht alle, die ähnliches durchmachen, so aggressiv. Aber dieses verzehrende Bewußtsein der eigenen Unzulänglichkeit treffen wir überall an, selbst in unserer nächsten Umgebung. Vor allem die Adoleszenten von heute sind Opfer dieser Minderwertigkeits-Epidemie. Ich habe beobachtet, daß die überwältigende Mehrzahl der Jugendlichen zwischen zwölf und zwanzig bitter enttäuscht ist darüber, wer sie sind und wie sie sind. In einer Welt, die Superstars und Wunderkinder anbetet, stehen sie vor dem Spiegel und suchen bei sich nach einem Zeichen von Größe. Aber sie sehen nur die Pickel in ihrem Gesicht. Viele dieser entmutigten jungen Menschen wollen ihre Gefühle nicht offen eingestehen, weil es weh tut, sich die eigene Unzulänglichkeit bewußt zu machen. Oswald hat seine Minderwertigkeitsgefühle und seine Einsamkeit nie offen hinausgeschrieen, und wenn er es getan hätte – wir hätten nicht zugehört.

Vieles der Auflehnung, Unzufriedenheit und Feindseligkeit unserer Teenager entspringt oftmals aus überwältigenden, unbezähmbaren Gefühlen der Minderwertigkeit und Unzulänglichkeit. Nur selten lassen sich diese Gefühle in Worte fassen.

Dabei trifft diese persönliche Abwertung keineswegs nur auf Jugendliche zu. Wir alle, ob jung oder alt, sind in ganz spezieller Weise anfällig für den Verlust unserer Selbstachtung. Ich werde noch zeigen, wie schon unsere kleinen Kinder gegen den Verlust ihres Selbstwertgefühls ankämpfen. Auf ähnliche Weise versuchen auch die meisten Erwachsenen immer noch, mit ihren Minderwertigkeitskomplexen fertig zu werden. Ich bin davon überzeugt, daß Senilität und geistiger Verfall am Ende des Lebens oft aus dem wachsenden Bewußtsein dessen kommt, daß man in einer Welt lebt, die ausschließlich den Jungen gehört, in der Falten, Kreuzschmerzen und künstliche Gebisse verachtet werden, in der die Ideen der Alten automatisch als altmodisch abqualifiziert werden und das Leben zur Last wird, wenn man alt ist. Das Gefühl der alten Menschen, nicht mehr gebraucht zu werden, ist die »Belohnung«, die wir für sie parat haben. Wie kann man da noch überrascht sein, wenn ältere Menschen oft intellektuell »abschalten«!

Wenn das Gefühl der Unzulänglichkeit und Minderwertigkeit in unserer Zeit so allgemein verbreitet ist, so müssen wir uns doch fragen: »Warum?« Warum können unsere Kinder nicht aufwachsen und sich so akzeptieren, wie sie sind? Warum fühlen sich so viele als Versager und ungeliebt? Warum erzeugen unsere Elternhäuser Verzweiflung und Selbsthaß – jedenfalls viel eher als Zuversicht und Selbstachtung? Warum das alles?

Diese Fragen sind äußerst wichtig für alle Eltern, die ihr Kind vor den Qualen der Minderwertigkeit bewahren wollen.

Die gegenwärtige Epidemie des Selbstzweifels hat sich aus einem durch und durch ungerechten und auch unnötigen System der Beurteilung des menschlichen Wertes entwickelt. Dieses System beherrscht unsere Gesellschaft. Nicht jeder wird als wertvoll angesehen, nicht jeder wird akzeptiert. Unser Lob und unsere Bewunderung bleiben einer auserwählten Minderheit vorbehalten, deren Mitglieder von Geburt an mit den Eigenschaften gesegnet sind, die wir am meisten schätzen. Es ist ein boshaftes System, und wir als Eltern müssen etwas dagegen tun. Dieses

Buch will verdeutlichen, daß jeder Mensch wertvoll ist, daß alle Kinder die gleiche Achtung verdienen, daß sie alle die gleiche Würde besitzen. Wir müssen dahin kommen, daß wir alle Menschen als gleich wertvoll erachten. Und wir können dahin kommen!

Um in den Eltern das Verständnis dafür zu wecken, wie sie sich gegenüber ihren Kindern verhalten sollten, habe ich in den beiden folgenden Kapiteln eine Analyse jener falschen Werte erarbeitet, von denen die Selbstachtung in unserer Zivilisation abhängig gemacht wird. Ich hoffe, daß der Leser sehen wird, wie sehr wir (oft unbewußt) unseren kleinen Kindern einreden, daß soziale Anerkennung und Wertschätzung für sie unerreichbar sind. Wir verherrlichen einen Ideal-Menschen, ein Modell, dem nur wenige entsprechen. Und damit schaffen wir ein riesiges Heer von »Habenichtsen« – geborenen Verlierern, die von vornherein mutlos dem Leben gegenüberstehen, bevor es eigentlich richtig begonnen hat. Und dann produzieren wir auch einen Lee Harvey Oswald, einen Menschen, der vergeblich einen Ausweg aus der inneren Leere und Qual seines Lebens suchte. Für die Millionen, die diesen Ausweg nie finden, wird die Straße zum persönlichen Wert zu einem ungepflasterten, holprigen Weg, der nie ans Ziel führt.

Die Frage des persönlichen Wertes stellt sich nicht nur für den Menschen, dem er fehlt. Vielmehr hängt mit ihr die Gesundheit einer ganzen Gesellschaft zusammen. Also: Wo immer die Schlüssel zur Selbstachtung für einen großen Prozentsatz der Menschen scheinbar unerreichbar sind, wie das heute der Fall ist, werden wir auch von den gesellschaftlichen Symptomen nicht verschont bleiben, als da sind: Geisteskrankheit, Neurosen, Haß, Alkoholismus, Drogenmißbrauch, Gewalttätigkeit und soziale Unordnung. Der persönliche Wert ist nicht etwas, was der Mensch getrost beiseite lassen kann. Wir brauchen ihn einfach, und wenn einige ihn nicht empfinden, leiden alle.

Aber ich habe dieses Buch nicht nur geschrieben, um unsere Probleme zu erörtern. Ich will auch nicht nur die Gesellschaft kritisieren, die diese Probleme hervorruft. Ich will vielmehr eine Lösung anbieten, einen besseren Weg. Wenn wir unseren Einfluß als Eltern unseren Kindern gegenüber richtig geltend machen, können wir sie mit der inneren Stärke ausrüsten, die sie so dringend brauchen, um die Hindernisse zu überwinden, die sich ihnen in den Weg stellen werden. Wir können unseren Kindern den Weg zur Selbstachtung und zum persönlichen Wert ebnen. Vielleicht können wir die Welt nicht mehr umstrukturieren, aber wir können unseren Kindern helfen, erfolgreicher mit ihr fertig zu werden.

Dieses Buch beschäftigt sich hauptsächlich mit der Beschreibung von zehn umfassenden »Strategien«, die dem Aufbau der Selbstachtung dienen sollen. Jede konzentriert sich auf einen bestimmten Bereich. Angeboten werden spezifische Antworten und Empfehlungen in bezug auf die häufigsten Bedrohungen des persönlichen Wertes, die unsere Kinder umgeben. Hier ein kurzer »Vorgeschmack«:

Strategien für die frühen Jahre
- Aufbau der Selbstachtung im Elternhaus
- Warum »Liebe« allein nicht genügt
- Müdigkeit und Reizbarkeit
- Der Wille muß geformt werden, aber die Entwicklung des Geistes darf dabei nicht zu kurz kommen
- Die Vorbereitung des Kleinkindes auf künftige Herausforderungen

Strategien für die Kindheit
- Ausbildung von Fähigkeiten als Steigerung der Selbstachtung
- Die beste Waffe Ihres Kindes gegen Minderwertigkeitsgefühle
- Die Wirkung des Fernsehens
- Zu starke Abhängigkeit schadet nur
- Wie Sie Ihrem Kind helfen können, im Wettkampf der Welt konkurrenzfähig zu bleiben

Strategien für die Adoleszenz
- Vorbereitung auf die Adoleszenz
- Verständnis für die Probleme der Adoleszenz
- Hilfen für den Außenseiter
- Gesunde sexuelle Auffassungen
- Der Kampf gegen sozialen Druck

Strategien für Erwachsene
- Selbstachtung des Erwachsenen
- Ursachen der Depression bei Frauen
- Selbstachtung und Emanzipation der Frau
- Geben als »Therapie«

Der Erörterung dieser Strategien folgt eine zusammenfassende Erklärung menschlicher Verhaltensweisen (Kapitel 5). Sie beschreibt die gängigsten Persönlichkeitstypen bei Kindern und Erwachsenen und macht die dahinter stehende Motivation verständlich. Dieses Kapitel wendet sich vor allem an den Elternteil, der darum bemüht ist, das Verhalten seiner Kinder, seines Ehegatten, seiner Schwiegermutter und auch sein eigenes Verhalten zu verstehen. Kapitel 6 schließlich ist einigen Schlußbemerkungen gewidmet.

Bevor wir jedoch die Probleme lösen können, denen unsere Kinder begegnen, müssen wir die schwierige Situation verstehen, in der sie stehen. Wir wollen uns deshalb zurückbegeben in die Welt der Jungen und das verhängnisvolle Wertsystem beleuchten, das auf unsere Kinder einen so nachhaltigen Eindruck macht. Eltern und Lehrer können für die Selbstachtung der nachfolgenden Generation einen unschätzbaren Beitrag leisten, wenn sie nur versuchen, die Kinder und Jugendlichen wirklich zu verstehen – wenn sie sehen, was die Kinder sehen, wenn sie hören und empfinden, was die Kinder hören und empfinden.

2

Auf Platz 1 der Wert-Rangliste: die Schönheit

Wie ist das eigentlich, wenn eine Mutter voller Stolz ihr neugeborenes Baby herumzeigt, dieses Baby aber alles andere als »schön« ist? Die einzige Bemerkung, die ehrlich aber nicht verletzend klingt, ist wohl: »Mensch, was für ein Baby!«. Man kann hier nicht vorsichtig genug sein, denn das Ego der jungen Mutter ist nie so ungeschützt, wie in diesem Augenblick. Wir müssen deshalb mit unserer Beurteilung des Neugeborenen in ihren Armen sehr vorsichtig sein. Warum? Ganz einfach: Weil ein schönes Baby in unserer Gesellschaft ein viel wertvollerer Mensch ist als ein häßliches Baby.

Ohne Zweifel ist die in unserer Zivilisation am meisten bewunderte Eigenschaft physische Schönheit. Die »frischgebackenen« Eltern beurteilen ihr Kind deshalb vornehmlich nach seinem äußeren Aussehen. Wen wundert es da noch, daß so viele Mütter kurz nach der Geburt ihrer Kinder ausgesprochen deprimiert sind. Sicher wußten sie, daß die meisten Neugeborenen ein wenig häßlich aussehen, aber eine solche Katastrophe hatte man denn doch nicht erwartet!

Wenn die Mutter ehrlich ist, so muß sie zugeben, daß sie eigentlich ein grinsendes, schon gut entwickeltes Prachtkind erwartet hatte, möglichst mit schon recht vollem Haarschopf und roten Wangen. Statt dessen reicht man ihr ein krebsrotes, zahnloses, kahles, schreiendes Geschöpf mit einem Gesicht, das einer Backpflaume ähnelt. Am liebsten würde sie dieses Kind sofort wieder zurückgeben. Sicher verstehen Sie, was ich sagen will: Der persönliche Wert dieses Säuglings, der erst einen Tag alt ist, wird sogar von seinen Eltern angezweifelt. Aber schon bald lernt Mama, dieses kleine Gesicht zu lieben, wie nur eine Mutter lieben kann – die anderen Menschen aber können das nicht. Und hier wird das Problem deutlich: Wir Erwachsenen reagieren eben anders auf ein schönes Kind als auf ein ungewöhnlich häßliches Kind. Diese Unterscheidung aber wirkt sich nachhaltig auf die Entwicklung der Persönlichkeit dieses Kindes aus. Das hübsche Kind wird sich in unserer Welt viel eher wohl fühlen, weil es akzeptiert wird. Das häßliche Kind aber kennt nur die kalten Augen der Ablehnung.

DIE SCHÖNHEIT DES BABYS

Als meine Tochter fünfzehn Monate alt war, sah sie so niedlich aus, daß sie jedem Erwachsenen gefiel. Ihre Mutter zog sie hübsch an. Überall erfuhr Danae zärtliche Wärme und Zuneigung. Die Menschen nahmen sie in ihre Arme, schäkerten mit ihr und verwöhnten sie mit Bonbons. Die Aufmerksamkeit, die sie erhielt, war typisch für das Wohlwollen, das man einem niedlichen oder reizenden Kind entgegenbringt. Dabei hatte sie diese Aufmerksamkeit weder gesucht noch verdient. Sie wurde ihr aus der Welt der Erwachsenen spontan zuteil. Drei Monate nach ihrem ersten Geburtstag jedoch änderte sich das. Ich kam gerade von einem arbeitsreichen Tag aus dem Krankenhaus nach Hause und traf in der Einfahrt meine Frau. Sie hielt unsere kleine Tochter auf dem Arm, und beide waren mit Blut befleckt. Meine Frau erzählte mir in wenigen Worten die traurigen Einzelheiten: Danae lernte damals gerade das Laufen, und meine Frau hatte sie aus Spaß durch das Haus »gejagt«. Plötzlich war die Kleine laut lachend nach links geschossen und hatte dabei das Gleichgewicht verloren. Sie war gegen die scharfe Kante eines Tisches im Wohnzimmer gestoßen und hatte sich dabei einen Vorderzahn tief ins Zahnfleisch gebohrt. Es sah so aus, als sei der Zahn herausgeschlagen worden. Die Innenseite der Lippe war verletzt und blutete stark. Danae sah schrecklich aus.

Zum Glück stellte sich mit der Zeit heraus, daß der Milchzahn hartnäckiger war als die Tischkante. Allmählich kam er wieder zum Vorschein. Die Wunde heilte, und schließlich war der ganze Vorfall vergessen. Derselbe Schneidezahn machte sogar noch drei weitere ungeplante »Ausflüge« ins Zahnfleisch, bevor er dann vier Jahre später den Geist aufgab. Wie gesagt: Trotz aller Schläge und Stöße zeigte er sich ausgesprochen hartnäckig. Bis er sich dann endgültig löste, betrachtete Danae ihre Zahnlosigkeit als wertvolles Statussymbol in der Nachbarschaft. Aber zur Zeit des Unfalls schien die Angelegenheit ziemlich entmutigend zu sein.

Danaes Frontalzusammenstoß mit dem Tisch hatte ihr Gesicht nicht gerade verschönt. Die ganze babyhafte Anziehungskraft war plötzlich dahin. Am Tag nach dem Unfall nahm ich sie mit in ein Geschäft. Ich hatte im Augenblick ihren Zahn ganz vergessen. Aber dann bemerkte ich, daß die Leute anders auf sie reagierten als früher. Sie sahen sie an und wandten sich dann ab. Statt der Wärme, Liebe und Zärtlichkeit, die ihr früher entgegengebracht wurden, bewiesen die Menschen Danae gegenüber nun Ablehnung und Kühle. Sie wollten nicht etwa gemein sein. Sie hielten sie einfach nicht mehr für hübsch. Ich ärgerte mich über diese Reaktion, weil sie die Ungerechtigkeit unseres Wertsystems offenbarte. Wie ungerecht war es doch, ein Kind für etwas zu bestrafen, was es nicht verschuldet hatte. Wie ungerecht war es, dieses Kind für einen Umstand verantwortlich zu machen, der außerhalb seines Einflußbereiches lag.

Schönheitswettbewerbe, die Stipendien und wertvolle Preise für Pracht-Babys in Aussicht stellen, werden in den USA immer häufiger – als ob das hübsche Kind nicht schon genügend Vorteile im Leben hätte. Nur wer schön ist, ist auch wertvoll – dieses verdrehte System kann an Tausenden von Beispielen aufgezeigt werden. Vielleicht erinnern sich einige von Ihnen an den traurigen Vorfall, der vor einigen Jahren in Chicago geschah, wo acht Schwesternschülerinnen brutal ermordet wurden. Am folgenden Tag äußerte sich ein Kommentator im Fernsehen zu diesem entsetzlichen Geschehen. Er sagte unter anderem: »Das Schlimmste an dieser Tragödie ist, daß alle acht Mädchen so hübsch waren!« Mit anderen Worten: die Mädchen waren wegen ihrer Schönheit wertvollere Menschen, und somit war ihr Verlust um so tragischer. Wenn wir das ganze einmal umdrehen, dann sehen wir, wie absurd dieses Denken ist: Die Morde wären weniger tragisch gewesen, wenn häßliche Mädchen die Opfer gewesen wären.

Die Schlußfolgerung, die man aus diesem verdrehten Wertdenken zieht, ist unvermeidlich. Mit George Orwells Worten lautet sie: »Alle Menschen sind gleich, aber manche sind gleicher als andere.«

DIE SCHÖNHEIT DES KINDES

Schon sehr früh beginnt das Kind zu lernen, wie wichtig physische Schönheit für seine soziale Stellung ist. Die Werte unserer Gesellschaft können seinen kleinen Ohren nicht verborgen bleiben, und viele Erwachsene versuchen auch gar nicht erst, ihre Vorurteile zu verbergen. Jedes normale Kind muß da einfach merken, daß die Häßlichen eben nicht zur »Miss Amerika« erkoren werden, daß sie eben nicht bewundert werden, daß sie selten als Hauptdarsteller in Filmen auftreten, daß sie vielleicht nicht heiraten, daß die Häßlichen weniger Freunde haben.

Es ist erstaunlich, wie schnell unsere kleinen Kinder schon lernen, den Schönheitskult mitzumachen. Bei einer Untersuchung der traditionellen Kinderliteratur mußte ich erstaunt feststellen, daß viele der uralten Geschichten die physische Schönheit in irgendeiner Form in den Mittelpunkt stellen. Denken Sie einmal über folgende Beispiele nach:

1. *Das häßliche Entchen.* Wir kennen alle diese Geschichte über den unglücklichen kleinen Vogel, der von den besser aussehenden Enten abgelehnt wurde. Wie jedes wenig anziehend aussehende Kind, so war auch dieses Entchen von seinem häßlichen Äußeren beunruhigt. Zum Glück war in ihm ein schöner Schwan versteckt, der während des frühen Erwachsenseins plötzlich auftauchte. (Von einem häßlichen Entchen, das häßlich bleibt, gibt es kein Märchen.) Viele Kinder warten geduldig darauf, daß sie sich in den schönen Schwan verwandeln, und dann müssen sie schließlich einsehen, daß sich die Dinge in der Adoleszenz immer schlimmer entwickeln.

2. *Die schlafende Schönheit.* Warum wohl heißt diese Geschichte nicht »Die schlafende Häßliche«? Weil sie der Prinz dann nicht mit seinem zärtlichen Kuß geweckt hätte! Eine häßliche kleine Prinzessin hätte er getrost weiterschlafen lassen. Ihre Schönheit ist unentbehrlicher Bestandteil der romantischen Erzählung.

3. *Rudolph, das Ren mit der roten Nase.* Rudolph hatte eine seltsame Nase, was dazu führte, daß die anderen Rentiere ihn ablehnten. Sie lachten und beschimpften ihn. Sie ließen den armen Rudolph nicht an ihren Spielen teilnehmen. Mit Rentieren hat diese Geschichte nichts zu tun. Sie hat aber sehr viel mit Kindern zu tun. Genauso behandeln wir doch die physisch »Seltsamen«. Sie werden abgelehnt und verspottet. Die »Rudolphs« der Welt werden nur dann akzeptiert, wenn sie irgendeine Heldentat vorzuweisen haben. Bei unserem Ren mit der roten Nase war das eine halsbrecherische Schlittenfahrt im Schneesturm.

4. *Dumbo der Elefant.* Dumbo wurde wegen seiner großen schlappen Ohren ausgelacht, bis er sie gebrauchte, um zu fliegen. Das Thema ist der Lage des armen Rudolph sehr ähnlich. Es erscheint wiederholt in der Literatur für Jungen.

5. *Schneewittchen und die sieben Zwerge.* Die böse Königin stellte die schicksalhafte Frage: »Spieglein, Spieglein an der Wand, wer ist die Schönste im ganzen Land?« Ich staune immer wieder über die Dummheit dieser Frage, wenn man bedenkt, auf wieviel wichtigere Fragen ein magischer Spiegel antworten könnte! Und doch ist die Motivation, die hinter ihrer Frage steht, deutlich: Die schönste war auch die edelste, geachtetste Person im Land.

6. *Aschenbrödel.* Der Unterschied zwischen Aschenbrödel und ihren beiden bösen Stiefschwestern war vor allem eine Frage der Schönheit. Jede illustrierte Ausgabe dieses Märchens verdeutlicht uns diese Tatsache. Gewiß, Aschenbrödel war zerlumpt und ungekämmt, aber sie war schön. Und das war schließlich die Hauptsache. Und nur die Schönheit war es denn auch, die dem Prinzen die Augen öffnete. An ein häßliches Aschenbrödel hätte er wohl kaum seine Zeit verschwendet.

7. Dieses Thema, das die Schönheit so betont, erscheint nicht nur in den alten Märchen. Die moderne Literatur steht dem in nichts nach. Ein Lesebuch für die vierte Klasse, das in Kalifornien als Lehrbuch verwendet wird, enthält ein Märchen über drei kleine Mädchen. Zwei dieser Mädchen waren sehr hübsch, mit schönen Haaren und feinen Gesichtszügen. Wegen ihrer Schönheit wurden sie von den Menschen geliebt und erhielten Königreiche, in denen sie herrschten. Das dritte kleine Mädchen war sehr häßlich. Niemand mochte sie, weil sie nicht schön aussah. Deshalb

bekam sie auch kein eigenes Königreich. Sie war sehr unglücklich und traurig. Aber nun kommt's: Das kleine häßliche Mädchen erhielt ein Königreich, in dem sie über die Tiere herrschen durfte! Ist das nicht nett!? Ihre Häßlichkeit wurde aus der Welt der Menschen verbannt, wie es so oft der Fall ist. Ihre physischen Defekte wurden in dem Lesebuch ziemlich ausführlich beschrieben. Was mögen wohl die Kinder in der Klasse gefühlt haben, die von ähnlichen Fehlern bei sich selbst wußten? Warum nur müssen wir die unerreichbare Eigenschaft der Schönheit auf jeder Ebene unserer Gesellschaft so nachdrücklich betonen? Die Antwort ist klar: Wirklich wertvolle Leute müssen schön sein.

Spätestens, wenn die Kinder in den Kindergarten kommen, werden sie sich ihres Aussehens bewußt. Ein Mann Mitte dreißig sagte mir vor kurzem: »Ich war fünf Jahre alt, als ich merkte, daß ich häßlich bin. Von diesem Tage an war ich völlig verwandelt.« Seine gesamte Persönlichkeit ist von diesem Tag in seinem Leben geprägt worden.

Ein anderer Mann, damals sechzig Jahre alt, beschrieb mir seine Reaktion auf den Schönheitskult so anschaulich, daß ich mir seine Worte notierte. Er sagte: »Ich merkte es ganz deutlich, als ich zwölf Jahre alt war. Ich erkannte die Ungerechtigkeit. Aber ich sagte mir, daß ja niemand dafür verantwortlich war, wie ich aussah. Deshalb wurde ich auch nicht etwa verbittert. Ich machte mich mit dem Gedanken vertraut, daß ich vom Leben benachteiligt worden war.«

Wenn uns ein Kind seltsam oder gestört erscheint, so liegt das sicher daran, daß es während seiner Vorschulzeit von seinen Freunden und Nachbarn irgendwann einmal über seine »Mißbildung« aufgeklärt worden ist. Kinder können schrecklich brutal zueinander sein, ohne daß sie den anderen verletzen wollen. Manche Kinder halten sich für berufen, auf die Fehler und Schwächen der anderen hinzuweisen. Dem ungewöhnlichen oder andersartigen Mädchen oder Jungen sind seine Eigenschaften seit seiner frühesten Erinnerung im Gedächtnis. Das Leben kann sehr unbequem werden für ein Kind, das zu dick oder zu dünn, zu groß oder zu klein ist, das unter Sommersprossen leidet, dessen Nase sich auf einer Seite nach unten wölbt, dessen Haut leicht rot wird, das zu große Füße oder zu große Ohren hat, das schielt oder sonst einen »Fehler« hat. Am verhängnisvollsten ist die emotionale

Reaktion des Kindes. Das Kind kann, abgesehen von einem einzigen peinlichen Merkmal, völlig normal sein, aber es wird sich um diesen einen Punkt seines Aussehens immer wieder Sorgen machen – als ob es das einzig Wichtige im Leben wäre.

Wie schon angedeutet, kann die Welt der Kinder sehr gemein sein, obwohl das von uns vielbeschäftigten Erwachsenen oft vergessen wird. Versetzen Sie sich einen Augenblick in die Welt der Kinder zurück, wo Aggressionen unverhohlen gezeigt werden, wo man kämpfen muß, um die eigene Ehre zu verteidigen, auch wenn es Vorderzähne kostet, wo Beschimpfungen, Spott und Ablehnung wie Giftpfeile gegen die Schwachen geschleudert werden, wo die Selbstachtung allzu leicht durch Versagen oder andere Fehler verlorengehen kann. Diesen negativen Aspekt der Kindheit dürfen wir nicht vergessen, wenn wir die nachfolgende Generation verstehen wollen.

Warum wohl würden manche Kinder zum Beispiel lieber vierzig Rutenhiebe über sich ergehen lassen, als in eine neue Schule zu gehen oder vor Gleichaltrigen auftreten zu müssen? Sie wissen ganz genau um die Schmerzen, die andere Kinder ihrem ungeschützten Ego zufügen können.

Der kleine Brief, der unten abgedruckt ist, wurde mir von der Mutter eines Mädchens in der vierten Klasse gegeben. Dieser Brief veranschaulicht die Brutalität, mit der ein Kind die Selbstachtung eines anderen angreifen kann.

WIDERLICHE JANET!

Du stinkst mehr als alle Mädchen in der Welt. Ich hoffe, du wirst sterben, aber natürlich weiß ich, daß das unmöglich ist.

1. Spiel auf der Straße!
2. Schneid dir den Hals ab!
3. Trink Gift!
4. Betrink dich!
5. Erstich dich!

Bitte tu was davon, du großes dickes Mädchen. Wir hassen dich alle. Ich bete: »lieber Gott, laß Janet sterben. Wir brauchen frische Luft. Hast du mich gehört, lieber Gott? Wenn nicht, werden wir alle mit ihr hier sterben. Wir sind gut, nur Janet ist böse.«

Von Wanda Jackson

Was soll die »widerliche Janet« von so einem giftigen Briefchen halten? Vielleicht besitzt sie soviel Selbstvertrauen, daß sie diesen Angriff mühelos verkraftet, besonders wenn Wanda selbst ein Versager ist. Was aber, wenn Wanda beliebt und Janet unbeliebt ist? Dann wird dieser Brief für Janet eine sehr schmerzhafte und dauerhafte Erfahrung sein. Achten Sie vor allem darauf, daß Wanda sich auf Janets Aussehen bezog (»du großes dickes Mädchen«), und daß sie andeutete, ein riesiges Heer von Freundinnen stehe hinter ihr (»wir hassen dich alle«). Beides zusammen ist für ein empfindsames Kind zuviel.

Ich staune immer wieder, wie sehr ein solcher »kleiner« Vorfall einen Menschen prägen kann. Wenn Janet ein empfindsames Kind war, so wird sie sich wahrscheinlich ihr ganzes Leben lang an diesen Brief erinnern. Fragen Sie einen Erwachsenen, ob er von einer ähnlichen Begebenheit aus seiner Kindheit zu berichten weiß. Sie werden sofort eine Antwort bekommen. Sie werden von einer Angelegenheit hören, die sich vielleicht vor vierzig oder mehr Jahren abgespielt hat. Als ich zum Beispiel in der sechsten Klasse war, nannte mich ein Klassenkamerad »Bohnenstange«. Er sagte das nur einmal, aber ich erinnere mich noch heute daran. Ich würde ihm immer noch gern ein blaues Auge verpassen. Warum? Weil mein persönlicher Wert in Frage gestellt wurde! Neulich erzählte mir ein Mann mittleren Alters, daß er wegen seiner übermäßigen Größe sehr selbstbewußt gewesen sei, als er in das Gymnasium kam. Dann fragte jemand einmal seine Mutter, wie sie ihren Sohn in einer Menschenmenge finden könne, und sie erwiderte: »Ich suche einfach das Kind, das alle anderen überragt.« Der Mann erinnerte sich noch dreizehn Jahre danach an diese Worte! Was sonst in jenem Monat geschah, hatte er längst vergessen. Aber die Worte seiner Mutter hörte er immer noch.

Kinder beweisen eine außerordentliche Geschicklichkeit bei der Erfindung von Spitznamen. Diese Namen sind nur selten boshaft gemeint, aber ihre Wirkung ist oft verheerend. Gewöhnlich sind diese Spitznamen von einem physischen Fehler des

Opfers abgeleitet und lenken so die Aufmerksamkeit auf das Merkmal, das der Betreffende am liebsten verbergen möchte. So bekommt der Junge mit den hervorstehenden Zähnen den Namen »Biber«, der rundliche Kerl ist »Schweinchen Dick«, der dünne Junge heißt »Knochen«, das dünne Mädchen wird »Vogelbein« gerufen, die große junge Dame nennt man »Elch«, den kleinen Jungen »Zwerg«. Lee Harvey Oswald wurde im Marineinfanteriekorps »Ozzie Rabbit« (Kaninchen) genannt, Josef W. Stalin gab man den Spitznamen »Neunzehen«, weil zwei seiner Zehen zusammengewachsen waren. Die Beispiele dieser Art von Mißachtung ließen sich beliebig fortführen.

Ich kannte auf dem Gymnasium einen kleinen Jungen, der einen kugelrunden Kopf und einen zu groß geratenen Mund hatte. Er trug sehr starke Brillengläser, die seine Augen scheinbar hervortreten ließen. Die anderen Schüler nannten ihn »Frosch«. Es war der perfekte Spitzname für ihn. Natürlich war »Frosch« selbst alles andere als stolz auf die Analogie. Aber seine Klassenkameraden wären nie auf die Idee gekommen, daß es diesem Jungen vielleicht nicht sehr angenehm war, mit einem Frosch verglichen zu werden. Am schlimmsten war es, als man »Frosch« fragte, ob er mit seiner Zunge Fliegen fangen könne.

Ich will mit diesen vielen Beispielen folgendes verdeutlichen: Das Kind paßt sich seinem Spitznamen an. Mit der Zeit sieht es sich selbst so, wie die anderen es beurteilen. Die Folge ist ein unendlich langer Weg des Gefühls der Demütigung. Wie können »Frosch« oder »Biber« oder »Elch« oder »Knochen« sich selbst achten, wenn ihre Kameraden über sie lachen?

Kinder sind sich ihrer jeweiligen Wertschätzung, die sie bei ihren Klassenkameraden genießen, sehr bewußt. Es gibt ungezählte Ereignisse, die ihnen zeigen, wieviel sie wert sind. Wer wird zum Beispiel zum Kapitän der Fußballmannschaft gewählt? Und wer wird noch nicht einmal nominiert? Wer erhält bei Spielen und Wettbewerben die meisten Punkte und wer die wenigsten? Wer wird zur Geburtstagsparty eingeladen und wer nicht? Wie viele Glückwunschkarten erhält ein unbeliebtes Kind im Vergleich zu seinen gleichaltrigen »Superstars«? (Der Geburtstag kann zum schmerzhaftesten Tag des Jahres für ein Kind ohne Freunde werden.) Es gibt viele sehr einfache Wege, um den eigenen sozialen Wert herauszubekommen. Manche Kinder müssen dann jedesmal dasselbe Fazit ziehen: »Ich bin eine totale Niete, ich bin ein Versager.«

Lehrer und Psychologen haben eine raffinierte Technik entwickelt, um die sozialen Rangunterschiede bei Kindern festzustellen. Es geht um das »Soziogramm«. Jedes Kind in einer Klasse wird gebeten, die Namen der drei Kinder aufzuschreiben, neben denen es am liebsten sitzen würde, sowie die Namen der drei, neben denen es nicht gern sitzen würde. Natürlich darf das Ergebnis der Klasse nicht mitgeteilt werden. Aber für den Lehrer bietet es die Möglichkeit, die »Stars« und die »Isolierten« zu identifizieren. Der gute Lehrer wird dann das ausgestoßene Kind unterstützen. Aber leider sind auch die Lehrer ein Produkt unserer Gesellschaft, und auch ihre Wertvorstellungen werden durch diese Gesellschaft geprägt. Allzu oft finden Lehrer das häßliche Kind abstoßend, während sie sich zu dem niedlichen, hübschen Kind hingezogen fühlen. Gewiß, jeder gute Lehrer kämpft gegen diese Neigungen an, aber mit unterschiedlichem Erfolg.

Zwei Wissenschaftler, Ellen Berscheid und Elaine Walster, veröffentlichten ihre bemerkenswerten Entdeckungen in der Zeitschrift »Psychologie heute«. Hier eine kurze Zusammenfassung dieses Artikels:

1. Es scheint alles darauf hinzudeuten, daß die Noten, die ein Kind erhält, entscheidend beeinflußt werden von der Anziehungskraft, die es auf seine Lehrer ausübt.

2. Wenn man Erwachsenen einen Stoß von Kinderphotos zeigt und sie bittet, dasjenige Kind zu identifizieren, das die meiste Unruhe in der Klasse stiftet, so neigen sie dazu, das am wenigsten anziehende auszuwählen. Ebenso wurde bei einem derartigen Test das häßliche Kind für unehrlicher gehalten als ein niedliches Kind. Die Verfasser des Artikels drücken das so aus: »Trotz allem Gerede von Charakter und inneren Werten neigen wir dazu, vom hübschesten Kind auch das Beste zu erwarten.«

3. Eine weitere Erkenntnis der beiden Wissenschaftler lautet: Auch die Disziplinierungsmaßnahmen Erwachsener werden durch die Anziehungskraft bestimmt, die das Kind auf sie ausübt. Mit anderen Worten: Die gleiche Ungezogenheit

wird bei einem niedlichen Klassenkameraden weniger streng behandelt als bei seinem häßlichen Altersgenossen.

4. Am wichtigsten aber ist die Tatsache, daß die physische Anziehungskraft bereits im Kindergarten ihre Früchte trägt. Niedliche kleine Dreijährige genießen schon größere Beliebtheit unter gleichaltrigen Kindern, und leider werden schon in diesem frühen Alter bestimmte physische Merkmale wie beispielsweise Dickleibigkeit sehr genau erkannt und abgelehnt.

Welch ein verdrehtes Wertsystem! Wie ungerecht verhalten wir uns gegenüber dem häßlichen Kind! Und oftmals erfährt es noch nicht einmal von seinen eigenen Eltern Rückendeckung. Jeden Tag steht dieses Kind seiner so erdrückend empfundenen Minderwertigkeit gegenüber, und es sieht keinen Ausweg. Der kleine Junge weiß nicht, wem er die Schuld geben soll, und weiß nicht, wie er das alles ändern kann. Er hat weder eine Erklärung noch eine Entschuldigung parat und kann sich auch nicht einfach verstecken. Die grausamen Stimmen folgen ihm überall hin, sie flüstern gemeine Worte in seine kindlichen Ohren: »Die anderen Kinder mögen dich nicht; ich habe dir ja gleich gesagt, daß du versagen würdest; du bist anders; du bist dumm; alle hassen dich; du bist eine Niete; du bist wertlos!« Und mit der Zeit werden diese Stimmen immer lauter, bis ihr Geschrei in der Adoleszenz alles andere übertönt.

DIE SCHÖNHEIT UND DER ADOLESZENT

Während der Kindheit schon wird die physische Anziehungskraft für den Menschen zum bestimmenden Faktor seines Lebens. In der Adoleszenz[1] wird das Äußerliche des jungen Menschen noch wesentlich stärker in den Vordergrund gerückt. Während eines Zeitraums von vier bis sechs Jahren konzentriert sich der ganze physische und seelische Apparat des Kindes auf die aufre-

[1]Anmerkung: Adoleszenz ist die Zeitspanne zwischen Kindheit und Erwachsensein in einer bestimmten Gesellschaft – geistiger und sozialer Reifeprozeß (im Gegensatz zu Pubertät, dem sexuellen Reifeprozeß) Siehe Seite 124

gende neue Welt des Sexes. Es denkt darüber nach, träumt davon, phantasiert darüber, und allzuoft will es etwas tun. Es brennt vor sexueller Neugier. In dieser Atmosphäre der sexuellen Spannung läßt die physische Schönheit natürlich alle anderen Werte und Ideale hinter sich. Das außergewöhnlich hübsche Mädchen hat die Welt ihrer männlichen Altersgenossen zu ihren Füßen. Der hübsche, athletische Junge ist König. Die anderen aber – und das ist die überwältigende Mehrheit – sehen mit einem Gefühl von Ekel und Geringschätzung in den Spiegel.

Jeder Adoleszent, der wissen will, was er wert ist, braucht sich nur die Schlager anzuhören, die ihn jetzt so faszinieren. Jeder Schlagertext sagt es: Die Schönheit ist das Wichtigste. So dröhnt es aus den Lautsprechern, dieses brutale, einseitige Wertsystem, das die Welt unserer Teenager kennzeichnet.

Um unsere Jugendlichen verstehen zu können, müssen wir uns in ihre Situation hineinversetzen. Nehmen wir einmal an, Sie seien ein Mädchen in der Adoleszenz. Sie sind sechzehn Jahre alt und heißen Helena. Um ganz ehrlich zu sein: Sie sind nicht gerade schön. Ihre Schultern sind rund, und Sie haben Schwierigkeiten, daran zu denken, daß man besser den Mund zumacht, wenn man über etwas nachdenkt. Ihr Gesicht ist übersät mit Pickeln, Ihre übergroßen Ohren gucken immer wieder durch die Haare, die Sie doch verstecken sollten. Immer wieder denken Sie über diese »Mißbildung« nach. Sie haben sich schon gefragt, ob der liebe Gott nicht vielleicht ein wenig unaufmerksam gewesen ist, als er diese Ohren schuf.

Sie haben in Ihrem ganzen Leben noch keine Verabredung mit einem Jungen gehabt, außer jener Katastrophe im letzten Februar. Die Freundin Ihrer Mama hatte diese Verabredung organisiert. Sie wußten zwar, daß das ganze ein Risiko war, aber Sie waren zu aufgeregt, um noch rational denken zu können. Und dann kam Ralf, in gehobener Stimmung. Hatte er doch erwartet, das Mädchen seiner Träume kennenzulernen. Aber Sie waren nicht das Mädchen, von dem er geträumt hatte. Erinnern Sie sich an die Enttäuschung auf seinem Gesicht, als Sie ins Wohnzimmer schlurften? Erinnern Sie sich, wie er am nächsten Tag zu Marie-Luise sagte, Sie glichen einem Bügelbrett mit zwei Erbsen? Erinnern Sie sich, wie er sagte, Sie hätten soviele Brücken im Mund, daß er eigentlich Zoll bezahlen müßte, um Sie zu küssen?

Er war schrecklich! Aber am Abend Ihrer Verabredung sagte er nichts von alledem. Er schmollte einfach und brachte Sie dann zwei Stunden zu früh nach Hause.

Marie-Luise zögerte natürlich keinen Augenblick, Ihnen alles zu erzählen. Sie schlugen wütend zurück. Sie erwischten ihn im Korridor und sagten ihm, er glänze nicht gerade sehr, wenn man bedenke, daß sein Kopf wie eine Glühbirne aussehe. Aber Sie waren zutiefst verletzt. Mindestens sechs Monate lang verachteten Sie alle Männer.

Als Sie an jenem Nachmittag von der Schule nach Hause kamen, gingen Sie sofort auf Ihr Zimmer, ohne der Familie etwas zu sagen. Sie machten die Tür zu und setzten sich auf das Bett. Sie dachten über die ganze Ungerechtigkeit der Welt nach. Viele kleine schmerzhafte Erinnerungen kamen Ihnen ins Gedächtnis. Es schien plötzlich sogar so, als stünden Sie vor Gericht, als müßten Sie beweisen, daß Sie doch ein wertvolles Exemplar der Gattung Mensch wären.

Der Staatsanwalt stand vor den Geschworenen und begann, belastende Beweisstücke bezüglich Ihrer Unwürdigkeit vorzulegen. Sie wurden von ihm an jene Klassenparty erinnert, auf der Ihre schöne Kusine Anna von ihren liebeskranken Klassenkameraden umschwärmt wurde. Sie saßen damals allein in einer Ecke. Die Geschworenen schüttelten mit Bedauern die Köpfe. Dann kam der Staatsanwalt auf jenen Tag zu sprechen, an dem Klaus sein Eis mit Brigitte Braun teilte und sagte, er würde sich ekeln, wenn Sie an dem Eis lecken würden. Sie taten so, als hätten Sie es nicht gehört, aber Sie gingen in den Aufenthaltsraum, versteckten sich in einer Ecke und weinten, bis die Pause vorbei war.

»Meine Damen und Herren Geschworenen«, sagte der Staatsanwalt, »ich habe Ihnen nun die Beweise dafür erbracht, daß dieses Mädchen minderwertig ist. Sie ist so häßlich, daß sie es einfach nicht verdient, eine von uns zu sein. Ich fordere Sie deshalb auf, sie für schuldig zu erklären.«

Dann stand der Verteidiger auf. Er war ein gebrechlicher kleiner Mann, der stotterte, wenn er sprach. Er hatte ein paar Zeugen mitgebracht, die zu Ihren Gunsten aussagen sollten: Mama, Papa und – natürlich – Onkel Albert.

»Einspruch, Euer Ehren!« rief der Staatsanwalt. »Das sind ja alles Mitglieder ihrer Familie. Sie zählen nicht. Diese Zeugen sind voreingenommen und deshalb unglaubwürdig.« »Einwand stattgegeben!« sagte der Richter. Ihr Verteidiger, verwirrt und beunruhigt, erwähnte dann noch, daß Sie stets Ihr Zimmer sauberhalten, er berichtete auch von der Eins, die Sie im letzten Monat geschrieben hatten. Sie aber sahen, wie der Obmann der Geschworenen ein Gähnen unterdrückte. Auch die anderen langweilten sich offensichtlich. Dem Verteidiger blieb da nur noch, stotternd darum zu bitten, Sie für unschuldig zu erklären.

Die Jury war siebenunddreißig Sekunden im Beratungszimmer, bevor sie den Urteilsspruch bekanntgab. Sie standen vor diesen Geschworenen und erkannten sie alle. Da war die Schönheitskönigin vom letzten Jahr. Da war der Mittelstürmer der Fußballmannschaft. Da war der beste Abiturient des vergangenen Jahres. Da war der hübsche Arztsohn. Sie alle sahen mit strengen Augen auf Sie herab und schrieen plötzlich wie mit einer Stimme: »Schuldig!« Dann las der Richter das Urteil:

> »Helena, eine Jury von Gleichaltrigen hat Sie für unwürdig und minderwertig erklärt. Sie werden hiermit zu einem Leben in Einsamkeit verurteilt. Sie werden wahrscheinlich nur Mißerfolge haben. Was Sie auch unternehmen, alles wird schief gehen. Sie werden sterben ohne einen Freund auf der Welt. Eine Ehe kommt für Sie nicht in Frage, ein Kind werden Sie nie haben. Sie sind eine Niete, Helena. Sie sind eine Enttäuschung für Ihre Eltern. Sie sind überflüssig. Der Fall ist hiermit abgeschlossen.«

Der Traum ging vorüber, aber die Entscheidung dieser Geschworenen blieb Wirklichkeit. Ihre Eltern fragten sich, warum Sie während der folgenden Wochen so gereizt und gemein waren. Sie erfuhren es nie. Sie erfuhren nicht, daß man Sie aus der Welt der schönen Menschen verbannt hatte.

Ich wollte, ich könnte mit all den vielen Helenas sprechen, die ebenfalls von dem Gericht ihrer Gedanken für minderwertig erklärt worden sind. Sie werden vielleicht niemals herausbekommen, daß der Prozeß manipuliert war, daß kein einziges Mitglied der Jury besser war. Ich wollte, ich könnte jedem entmutigten Teenager sagen, daß wir alle einmal vor diesem Gericht gestanden haben, und daß nur sehr wenige freigesprochen wurden. Manche der Angeklagten und Verurteilten der Adoleszenz werden später im Leben »begnadigt«, aber die meisten werden dem Urteil des Richters nie entrinnen. Die Ironie der ganzen Angelegenheit besteht darin, daß jeder von uns seinen eigenen manipulierten Prozeß führt. Wir klagen uns selbst an, und das Urteil wird unter unserer eigenen strengen Aufsicht gefällt – natürlich mit etwas Hilfe von »Freunden«.

DIE SCHÖNHEIT DER ERWACHSENEN

Ich sitze im Augenblick in der Nähe des Swimming-pools vom Sheraton Hotel auf Hawaii. Der schöne Swimming-pool ist fast leer, aber um ihn herum lagern Hunderte von Menschen, die nichts anderes zu kennen scheinen als ihren Körper. Es ist schon eine merkwürdige Gesellschaft, die ich da beobachte. Jeder hat eine Flasche Sonnenmilch vor sich liegen und wendet seinen fettglänzenden Körper in der brennenden Sonne. Sie halten diese monotone Tätigkeit stundenlang durch, überprüfen regelmäßig ihre Hautfarbe und stellen Vergleiche zu den um sie herum liegenden Körpern an. Die medizinische Wissenschaft hat ihnen immer wieder versichert, daß eine derart intensive Sonnenbestrahlung dazu führt, daß die Haut innerhalb weniger Jahre der einer Backpflaume ähnelt. Aber alles hilft nichts. Diese Menschen wollen schön sein, und zwar sofort.

Aber was ist mit den älteren Menschen? Nicht nur Kinder und Teenager haben ihre Probleme. Wir Erwachsenen sind keinesfalls besser dran. Wir haben einen übermächtigen Feind: das Altwerden. Die Zeit läßt sich mit einem Fälscher vergleichen. Nachts manipuliert er unser Lebensbuch, und wir merken am nächsten Morgen nicht, daß etwas nicht stimmt. Aber dann plötzlich, wenn Herr Jung dreißig Jahre alt ist, beginnt er zu erkennen, daß alles allmählich locker wird. Er drückt sein Gesicht gegen den Spiegel und untersucht die neuen Zeichen des Verfalls. Immer neue Falten entdeckt er in seiner einstmals so frischen und glatten Haut. Seine Zahnreihen haben sich schon merklich gelichtet, die Muskulatur, die sich früher einmal über seiner Brust wölbte, ist zu einem hervorstehenden Bauch abgerutscht, und mit den Haaren steht es auch nicht viel besser. Von seiner Frau kann er kaum Trost erwarten – sie hat ihre eigenen Probleme. Sie prahlt vor ihrem Mann, ihr Körper gleiche immer noch dem einer Zwanzigjährigen. Aber er erwidert nur: »Mach dir doch nichts vor! Du kriegst doch auch immer mehr Falten.« Und sie? Panik ergreift sie plötzlich. Sie läuft zur Apotheke und kauft irgendein Verjüngungsmittel, dessen Werbetext ihr verspricht, das noch Übriggebliebene zu erhalten, das Verfallene zu straffen, zu stützen. Sie schmiert sich ihr Gesicht mit Make-up ein, um die Verfallserscheinungen hinter einer Maske zu verbergen. Aber leider wird diese so sorgfältig vorgenommene Restaurierung jeden Abend wieder weggewaschen, und dieselben alten Furchen und Falten, dieselben Alterserscheinungen tauchen wieder auf. Sie nimmt einen erneuten Anlauf. Sie brät ihren Körper in der Sonne und rüttelt ihn in der Turnhalle durch, aber auf die Dauer hilft das alles nichts. Natürlich ist dieser unvermeidliche Vorgang des Alterns äußerst schmerzhaft für Menschen, die nur für die Schönheit ihres Körpers leben.

Wenn dann alles nichts genutzt hat, rennt eine unglaublich große Zahl von Frauen zu irgendeinem Schönheitschirurgen. Sie lassen die heftigsten Schmerzen über sich ergehen, sie stürzen sich in die größten Unkosten, um die Zeit anzuhalten. Und tatsächlich scheint sich die Anstrengung zunächst zu lohnen. Statistiken belegen, daß mindestens die Hälfte der berufstätigen Frauen, die sich einer Gesichtsstraffung unterziehen, in den darauffolgenden Monaten Gehaltserhöhungen erwarten. Hier zeigt sich, daß die Schönheit auch in unserer Geschäftswelt eine Ware ist, die sich ausgesprochen gut verkaufen läßt. Die meisten Chefs suchen sich hübsche Sekretärinnen oder Empfangsdamen. Für häßliche Frauen hingegen ist es schwer, überhaupt eine Arbeit zu finden.

Die meisten wichtigen Entscheidungen, die von Erwachsenen getroffen werden, erweisen sich auf irgendeine Weise von der Eigenschaft der Schönheit beeinflußt. Schönheit ist es doch wohl in den meisten Fällen, die die Wahl des Ehepartners bestimmt. Jeder von uns besitzt eine gewisse physische »Verhandlungsbasis«, die uns für den Erfolg beim anderen Geschlecht von mehr oder minder großem Nutzen ist. Wer wollte bestreiten, daß sich die meisten Männer eine Gefährtin »einfangen« wollen, die möglichst hübsch aussieht, denn eine schöne Frau wirft auch auf den Mann von vornherein ein gutes Licht.

Für die Häßlichen bedeutet das Leben nicht selten eine lange Kette von Niederlagen. Häßliche Vertreter haben weniger Erfolg als ihre gutaussehenden Kollegen, häßlichen Politikern gibt man in Amerika nicht so gern sein Baby auf den Arm – wir alle wissen, was das für eine Wahl bedeutet. Am ärmsten dran aber ist der kleine Mann, der wegen seiner kleinen Statur immer wieder benachteiligt wird. Eine Bestätigung dieser Behauptung bekommen wir, wenn wir uns einmal die amerikanischen Präsidentschaftskandidaten seit 1900 ansehen. Immer war es der größere von zwei Kandidaten, der die Wahl gewann, mit Ausnahme von Calvin Coolidge im Jahre 1924 und Richard Nixon im Jahre 1972.

Erwachsene sind also gegen die Tyrannei des Schönheitskults kaum immun, obwohl sie doch eigentlich alt genug sein müßten, um zu erkennen, daß Schönheit eben nichts über den wahren Wert eines Menschen aussagt. Wir müssen endlich einsehen, daß sich Schönheit auf die Dauer nicht halten läßt, daß sie unweigerlich dem Alter zum Opfer fällt.

SCHÖNHEIT UND DAS ALTER

Die Jüngeren unter uns können unmöglich die ganze Tragweite der Tatsache verstehen, daß sie eines Tages nicht mehr gefragt sein werden. Sie sehen nicht, daß auch sie eines Tages jener Generation angehören werden, die nur noch eine untergeordnete Rolle spielen wird. Sie können sich nicht vorstellen, wie es ist, nicht mehr richtig hören oder sehen zu können. Sie wissen nicht, was es heißt, in einem verfallenden Körper eingeschlossen, von den Kinder abhängig zu sein. Sie verdrängen die Tatsache, daß auch sie in einer total sexbezogenen Gesellschaft eines Tages keines sexuellen Gefühls mehr fähig sein werden, daß sie dann zu dieser schönheitsbesessenen Umwelt nichts »Wertvolles« mehr beisteuern können, weil sie selbst »wertlos« sind. Und sie können sich nicht vorstellen, wie es ist, niemanden mehr zu haben, der sich gern an die früheren Zeiten erinnert. Die Älteren von uns aber kennen diese Gefühle, die wohl die schlimmste Art von Minderwertigkeitskomplexen hervorrufen. Ich sagte es bereits im ersten Kapitel: Viele der physischen Krankheiten des Alters rühren mit Sicherheit von solchen Gefühlen der Wertlosigkeit her. Ein Arzt sagte mir vor kurzem, daß achtzig Prozent seiner älteren Patienten physische Symptome haben, die durch seelische Probleme verursacht worden sind. Sie kommen sich überflüssig und ungeliebt vor, und ihre Verzweiflung setzt sich bald in körperliche Funktionsstörungen um. Offensichtlich sind Liebe und Achtung in jedem menschlichen Alter unentbehrlich.

SCHLUSSFOLGERUNG

Das alles habe ich nicht geschrieben, um Entmutigung und Verzagtheit hervorzurufen. Wir haben reelle Chancen, diese Minderwertigkeitsgefühle schon im Keim zu ersticken. Die Familie ist der beste Ort, um die Einflüsse, denen unsere Kinder durch dieses so unmenschliche Wertsystem ausgeliefert sind, zurückzudrängen. Für die Familie, die ganz bewußt gegen dieses Wertsystem ankämpft, besteht berechtigter Anlaß zu Hoffnung und Optimismus. Leider aber mußten wir in den vergangenen zwanzig Jahren in unseren Elternhäusern eine Tendenz beobachten, die dahin ging, immer mehr Elemente der elterlichen Verantwortung »in Pflege« zu geben. Wir übertragen viele der Erziehungsaufgaben, die früher von der Familie wahrgenommen wurden, auf den Kindergarten, die Grundschule und die Gemeinde. Ein beliebtes Thema in der modernen pädagogischen Literatur lautet: »Wie Sie in Ihrer Freizeit gute Eltern sein können.« Das erweckt den Eindruck, als sei die Kindererziehung für Eltern, die das gut organisieren und delegieren, ein Spaziergang. Aber der Aufbau eines Selbstachtungsgefüges bei unseren Kindern ist eine Aufgabe, die wir unmöglich anderen überlassen dürfen. Die Verantwortung ist zu groß, als daß wir sie einfach an andere abtreten könnten. Die Aufgabe ist zu schwierig, sie geht uns zu sehr persönlich an, als daß sie in irgendwelchen künstlich erzeugten Gruppensituationen bewältigt werden könnte. Ohne Ihre Hilfe steht der Junior übermächtigen Feinden allein gegenüber. Von wenigen Ausnahmen abgesehen, wird unsere materialistisch orientierte Gesellschaft kaum einen Beitrag für das Selbstwertgefühl Ihres Kindes leisten. Nur Sie können das! Niemand sonst wird bereit sein, genügend Zeit und Liebe zu investieren. Dieses Buch will Ihnen bei Ihrer schwierigen Aufgabe eine Hilfe sein.

FRAGEN UND ANTWORTEN

1. *Warum scheint es so, als wären sich die Menschen heutzutage ihrer physischen Fehler und Unzulänglichkeiten stärker bewußt als früher? Wo liegt der Grund für diese Epidemie von Minderwertigkeitskomplexen?*

Meiner Meinung nach ist diese gewaltige Betonung der physischen Anziehungskraft ein Nebenprodukt der sexuellen Revolution, die uns erfaßt hat. Unsere Gesellschaft ist seit Mitte der sechziger Jahre, als der Verfall traditioneller moralischer Maßstäbe begann, sexuell übersättigt. Fernsehen, Radio, Zeitschriften, Filme, Reklame, Literatur und Kleidung spiegeln den neuen Trend sexueller Freizügigkeit wider. Und wenn – wie es der Fall ist – der Sex in einer Gesellschaft den ersten Rang einnimmt, so bekommen natürlich Sex-Appeal und Charme des Menschen eine neue soziale Bedeutung. Einfacher ausgedrückt: Je mehr sich eine Kultur mit Sex beschäftigt, desto mehr wird Schönheit belohnt und Häßlichkeit bestraft.

Die Notwendigkeit sexueller Anziehungskraft ist heute in Amerika so stark geworden, daß wir von jedem erwarten, sich möglichst verführerisch herauszuputzen. Wann in der Geschichte haben je so viele Frauen ihre Haare jede Woche von Fachleuten pflegen lassen? Wann haben so viele Männer die Haarstudios bevölkert? Wann je waren so viele Eltern bemüht, ihren Kindern die richtige Frisur zu verpassen? All das zeigt uns den übermächtigen sozialen Druck, den der Schönheitskult auf uns ausübt. Vor allem Frauen werden von einer florierenden Schönheitsindustrie aufgefordert, ihre physischen Fehler für teures Geld zu verbergen. Dafür dürfen sie aber dann auch viele andere Stellen ihres Körpers offen zur Schau stellen.

Mir macht es immer wieder Spaß, die Menschen auf einer

belebten Straße zu beobachten und dann festzustellen, wie fleißig jeder dieser Passanten an jenem Tag an seinem Äußeren gearbeitet haben muß. Es muß Stunden dauern, manche dieser restaurierten Gesichter jeden Morgen vor dem Spiegel zu rekonstruieren, besonders wenn die Natur von Anfang an schlechte Arbeit geleistet hat. Ich kenne zum Beispiel einen sehr eitlen Arzt, dessen Patienten keine Ahnung haben, daß er völlig kahl ist. Ihm war nur ein Büschel Haare um die Ohren und im Nacken geblieben, die jetzt etwa 25 Zentimeter lang sind. Jeden Morgen bearbeitet sie der Arzt mit größter Sorgfalt und klebt sie dann mit Haarspray oben auf den Kopf. Er weiß, daß Ärzte mit Glatzen weniger Chancen haben, ihre Praxis zu füllen. Die logische Schlußfolgerung: Ärzte mit vollem Haarschopf sind einfach besser!

Vor kurzem unternahm ich eine Reise nach Europa. Ich stellte dort fest, daß der Schönheitskult nicht ganz so schlimm getrieben wird wie in Amerika. Zwar waren die Frauen nicht weniger hübsch, aber offensichtlich hatten sie sich nicht soviel Mühe bei ihrer allmorgendlichen »Freskomalerei« gegeben wie ihre amerikanischen Kolleginnen.

Jeder Werbefachmann, der es zu etwas bringen will, muß wissen, daß Sex und Schönheit die empfindlichsten Nerven sind, die er »anbohren« muß. Vor dem Küssen muß eine ganz bestimmte Zahnpasta verwendet werden, uns wird eine Frühstückskost empfohlen, die uns ein besseres Aussehen verleiht, ganz zu schweigen von den ungezählten Schönheitsmittelchen. Der Frau wird versprochen, daß sie jung bleibt – eine glatte Lüge. Man müßte einmal das Geld zählen, das alljährlich ausgegeben wird, um in einer schönheitsorientierten Gesellschaft konkurrenzfähig bleiben zu können.

Zusammenfassend läßt sich sagen: Ich bin der festen Überzeugung, daß die Überbetonung der Sinnlichkeit der sechziger und siebziger Jahre eine unendlich große Zahl psychischer Verkrüppelungen zur Folge hatte und noch hat. Schönheit ist die goldene Münze des menschlichen Wertes. Aber die meisten Menschen sind ganz einfach »blank«. Am schlimmsten aber ist, daß die verwundbarsten Opfer dieses Wertmaßstabs unsere kleinen Kinder sind. Sie sind zu jung, um das alles zu verstehen, zu unreif, um damit fertigzuwerden, zu schwach, um sich wehren zu können.

2. *Was für Aussichten hat das außergewöhnlich hübsche Kind? Fällt ihm alles in den Schoß?*

Natürlich hat dieses Kind einige unbestreitbare Vorteile. Ich habe sie oben beschrieben. Es wird sich selbst eher akzeptieren und so die Vorteile der Selbstachtung genießen. Auf der anderen Seite aber tauchen auch Probleme auf, die sich dem häßlichen Kind nicht stellen. Schönheit bedeutet in unserer Gesellschaft Macht, und Macht in falschen Händen – es gibt nichts, was gefährlicher wäre. Eine Vierzehnjährige beispielsweise, die schon frühzeitig ausgeprägte weibliche Formen aufzuweisen hat, sieht sich möglicherweise bereits früh von liebeshungrigen Männern verfolgt. Diese Männer wollen die Mädchen nur benutzen. Wenn unsere Vierzehnjährige die Macht ihrer Schönheit kokett ausspielt, wird sie vielleicht schon frühzeitig zur Promiskuität (Zügellosigkeit) gedrängt. Außerdem werden Frauen wie Marilyn Monroe oder Brigitte Bardot, die seit ihrer frühesten Kindheit physisch begehrt waren, zuweilen verbittert und enttäuscht, weil sie eines Tages einsehen müssen, daß auch ihr einstmals so reizvoller Körper von den Folgen des Alterns nicht verschont bleibt.

Interessant ist auch, was uns die Forschung über die Stabilität von Ehen »schöner« Menschen zu berichten weiß. In einer Studie wurde dargelegt, daß die hübscheren Hochschulstudenten fünfundzwanzig Jahre später weniger glücklich verheiratet sind als ihre nicht so attraktiven Altersgenossen. Es geht eben nicht, eine eheliche Gemeinschaft ausschließlich auf die sexuelle Beziehung zu gründen. Eines Tages steht uns der Sex nicht mehr zur Befriedigung unseres Egos zur Verfügung. Schließlich noch etwas: Je hübscher ein Mensch in seiner Jugend war, desto schmerzhafter empfindet er den unabweislichen Vorgang des Alterns.

Nach alledem dürfte klar sein, welches Fazit wir ziehen müssen: Der menschliche Wert läßt sich nicht auf einer Schönheitsskala ablesen. Tun wir es dennoch, so betrügen wir »Besitzende« und »Habenichtse« gleichermaßen.

3

Eine Silbermedaille für die Intelligenz

Vor der Geburt des ersten Kindes beten seine Eltern dafür, daß es »normal« wird. Aber schon sehr bald nach der Geburt reicht ihnen das nicht mehr. Ihr Kind muß mehr als nur »durchschnittlich« sein.

WIE SEHEN ES DIE ELTERN?

Schönheit, so hatten wir festgestellt, liegt auf dem ersten Platz der menschlichen Wert-Rangliste. Die zweitwichtigste Eigenschaft in unserer Kultur nun ist ohne Zweifel die Intelligenz. Schon kurz nachdem sie Augen, Ohren, Nase und anderes bei ihrem Baby auf Unvollkommenheiten hin untersucht haben, fangen die meisten Eltern an, erste Zeichen des sich entfaltenden Genies zu suchen. Und ob man es glaubt oder nicht: Sie scheinen tatsächlich »fündig« zu werden. Während des ersten Lebensjahres wächst und entwickelt sich das Kind so schnell, daß seine stolzen Eltern mit Staunen »ihre« Schöpfung betrachten. »Vor acht Monaten war das Kleine noch völlig hilflos; sieh es Dir jetzt mal an! Andere Kinder können in diesem Alter noch lange nicht ›Mama‹ sagen. Wir haben wirklich ein besonders intelligentes Kind. Aus dem wird mal was . . .« Schon im Alter von fünf Tagen lächelte dieses Kind – dachten seine Eltern zumindest. In Wirklichkeit schnitt das Neugeborene nur eine Grimasse.

Wenn das Kind dann in sein zweites Lebensjahr hineinstolpert, nehmen die Beweise dafür, daß es besonders intelligent ist, zu. Seine Eltern wissen wahrscheinlich nicht über die Tatsache Bescheid, daß das langsame Erwachen des menschlichen Geistes auch beim »durchschnittlichen« Kind ausgesprochen spannend ist. Jeden Tag wird etwas Neues gelernt. Dieser völlig normale Vorgang ist für Menschen, die ihn zum ersten Mal beobachten, schrecklich aufregend. Wie viele Eltern haben mir schon mit Stolz versichert: »Es ist unwahrscheinlich, wie der Junge denken kann; er erinnert sich an Dinge, die ich ihm vor Wochen gesagt habe.« Sie vermuten seinen IQ irgendwo zwischen 180 und 240. Sie fangen sogar schon damit an, Geld für seine Hochschulausbildung zu sparen.

Dann kommt das »schlimme dritte Jahr«, und der Junior lernt die Bedeutung eines Wortes viel besser kennen als alle anderen: »Nein!«. In allem versucht er seinen Willen durchzusetzen. Für die Eltern wird der kleine Bursche immer mehr zur Plage, aber insgeheim sind sie doch stolz, daß er die Anlagen zu einem selbständigen und dynamischen Menschen in sich trägt. »Sieh Dir mal an, wie er die anderen Kinder rumkommandiert. Der wird bestimmt nicht bloß ein Mitläufer. Das sieht man jetzt schon.«

Mit der Zeit wird sich dann aber herausstellen, daß die Eltern ein wenig voreilig waren, als sie ihre Schlüsse zogen. Wenn der Kleine seinen vierten, fünften Geburtstag erreicht, erscheint er immer weniger überdurchschnittlich. Mama und Papa fangen nun langsam an, ernste Zweifel zu bekommen. Am Ende ist es mit diesem kleinen Genie doch nicht so weit her? Vieles, was der Sprößling tut, ist sogar deprimierend gewöhnlich. Er benimmt sich ungezogen und laut, eben wie ein typisches Kind. Spielen findet er viel schöner als Arbeiten, und deshalb hat er das Lesen immer noch nicht gelernt. Schließlich wandert er in den Kindergarten, und das goldene Standbild namens »Wunderkind« setzt plötzlich verdächtig viel Grünspan an.

Der erste Elternabend ist für Vater und Mutter eine Ernüchterung. Sie waren voller Spannung, als sie in das Schulgebäude gingen. Seit sechs Wochen ist ihr kleiner dicklicher Stolz nun schon außerhalb ihrer Reichweite. Wie hat er sich wohl angestellt? Ihr Ruf als »gute Eltern« steht auf dem Spiel. Wenn sich der Junge daneben benommen hat, so hat ihre Erziehung versagt. Ist er faul gewesen, so tragen sie die Verantwortung dafür. Am schlimmsten aber: Sollte er sich als etwas dumm entpuppen, so sind sie auch daran schuld. Von wem sollte er es denn sonst haben? Es hängt für diese jungen Eltern viel davon ab, wie man ihren Sohn in der Schule beurteilt. All seine Fehler sind auch ihre Fehler. Als sie in das Klassenzimmer kommen, sind da die Bilder der Kinder ausgehängt. Aber nach dem Bild ihres Sohnes suchen sie vergeblich. Schließlich finden sie es doch – ganz unten in einer Ecke. Es ist katastrophal. Sie bekommen heiße Wangen angesichts dieses unglaublich schlampigen Durcheinanders. Das kann doch nicht seine Arbeit sein! Aber sein (falsch geschriebener) Name steht nun einmal drauf. Und da kommt auch schon die junge Klassenlehrerin auf Juniors Eltern zu. Sie ist freundlich und lächelt. Die beiden Eltern werden nervös. Sie fragen, wie es mit ihrem Sohn in der Schule gehe. Die Lehrerin hält für wenige Sekunden inne. Dann beginnt sie langsam: »Nun, wir müßten einmal in aller Ruhe miteinander sprechen . . . «

Nicht alle Eltern überschätzen die intellektuellen Fähigkeiten ihrer Kinder dermaßen. Manche machen sich schon früh Sorgen über die geistige Schwerfälligkeit ihres Kindes. Sie haben sich genau informiert, in welchem Alter ein Kind normalerweise lernt, aufrecht zu sitzen, zu krabbeln, mit einem Löffel zu essen, Papa und Mama zu sagen. Sie wissen, daß ihr Dickerchen in vielen Bereichen im Rückstand ist. Immer bedrohlicher schwebt die Angst vor der geistigen Unterentwicklung ihres Kindes über den jungen Eltern. Mit Spannung warten sie auf jeden neuen Meilenstein seiner Entwicklung.

Ob die Eltern die geistigen Fähigkeiten ihres Kindes nun über- oder unterschätzen, eines ist sicher: Sie sind äußerst empfindlich und sehr leicht verwundbar, wenn es um die Intelligenz ihres Sohnes oder ihrer Tochter geht. Deshalb wollen wir uns zunächst einmal die Frage stellen: Warum sind wir so besorgt um die intellektuellen Fähigkeiten unserer Kinder? Die Antwort liegt auf der Hand: Die Intelligenz ist eine weitere Eigenschaft, anhand derer unsere Kinder bewertet werden. Nur die Schönheit rangiert höher. Schönheit und Intelligenz nehmen in unserem Wertsystem die beiden ersten Plätze ein. Für die Eltern des Kindes, dem eine dieser beiden Eigenschaften fehlt, wird das Leben nicht selten zur Qual. Diese Eltern erfahren Enttäuschungen und Schuldgefühle. Sie haben ein Geschöpf erzeugt, das all die vielen Fehler in sich vereinigt, die sie so sehr verachten.

Neulich sprach ich mit einer Familie, die ein Kind adoptieren wollte. Nach langem Warten erhielten sie schließlich die ersehnte Nachricht. Sie durften ein Kind annehmen, das ihren Wünschen entsprach. Der Vater erzählte mir, welche Fragen er dem Vertreter der Adoptionsagentur in bezug auf Vorgeschichte und Erbanlagen des Säuglings gestellt hatte:

»Gebrauchte seine Mutter Drogen während der Schwangerschaft?«

»Wie intelligent sind die Eltern?«

»Wie groß sind sie?«

»Welche Leistungen erbrachten sie in der Schule?«

»Wie sehen sie aus?«

»Ist bei ihnen eine Erbkrankheit festgestellt worden?«

»Wie verliefen Schwangerschaft und Geburt?«

»Wie lange dauerten die Wehen?«

»Was sagt der Geburtshelfer in seinem Bericht?«

»Ist das Kind von einem Arzt untersucht worden?«

Aber während dieser intensiven Befragung begann der Vater, sich seiner Motive zu schämen.

»Ich erkannte«, sagte er, »daß ich dieses Kind so überprüfte und bewertete, als wollte ich ein neues Auto kaufen. Wenn ich ehrlich bin, so muß ich zugeben, daß ich wissen wollte, ob dieser kleine Junge ›qualifiziert‹ genug sei, mein Sohn zu werden. Ich begriff plötzlich, daß dieser Säugling, der da vor mir lag, ein wunderbarer Mensch war, ungeachtet aller Fehler oder Nachteile. Er war ein Geschöpf Gottes, und Gott hatte ihm eine unsterbliche Seele gegeben. Und ich stand da und verlangte ein vollkommenes Kind, das mir persönlich Ehre machen würde.«

Die Einstellung dieses Vaters seinem Adoptivsohn gegenüber, das Verlangen nach Vollkommenheit des Kindes, finden wir auch bei natürlichen Eltern. Vor der Geburt des ersten Kindes beten seine Eltern dafür, daß es »normal« wird. Aber schon sehr bald nach der Geburt reicht ihnen das nicht mehr. Ihr Kind muß mehr als nur »durchschnittlich« sein. Ihr Kind muß sich auszeichnen. Es muß Erfolg haben. Es muß Triumphe feiern. Es muß das erste Kind seiner Altersgruppe sein, das läuft oder spricht oder Dreirad fährt. Es muß die besten Zensuren bekommen und seine Lehrer mit seinem Verstand und seiner Weisheit verblüffen. Es muß der Star sein. In jeder Gruppe und in jeder Klasse. Jahr für Jahr geben ihm die Eltern immer wieder zu verstehen: »Du mußt der Beste sein! Enttäusche uns nicht!«

Verbissen konkurrieren Eltern miteinander, wenn es darum

geht, das artigste, kultivierteste, bestgekleidete Kind im Wohnblock zu erziehen. Zuweilen ruhen alle Hoffnungen und Träume, ruht alles Streben einer Familie auf den kleinen Schultern eines unreifen Kindes. Und in dieser Atmosphäre verbissener Konkurrenz haben die Eltern, die ein intellektuell begabtes Kind vorzuweisen haben, das große Los gezogen.

Aber Hauptgewinne sind äußerst selten. Normalerweise lernt ein fünfjähriges Kind nicht die Lutherübersetzung der Bibel auswendig oder spielt Schach mit verbundenen Augen. Normalerweise komponiert ein achtjähriges Kind keine Symphonien wie Mozart. Im Gegenteil. Die Mehrzahl unserer Kinder sind gar nicht besonders intelligent, außergewöhnlich begabt oder allgemein beliebt. Sie sind ganz einfache Kinder mit einem übergroßen Bedürfnis, so akzeptiert und geliebt zu werden, wie sie sind. Eltern, die diese Tatsache nicht wahrhaben wollen, erleben eine unendliche Kette von Enttäuschungen.

WIE SIEHT DAS KIND SICH SELBST?

Ich habe bereits im vorigen Kapitel dargelegt, daß unsere Kinder schon sehr bald verstehen, wie wichtig die physische Anziehungskraft ist, die sie auf ihre Mitmenschen ausüben. Und wir Eltern helfen da kräftig mit. Alle nur erdenklichen Hebel werden in Bewegung gesetzt, damit das Kind »gut« aussieht. Mit der Intelligenz ist das schon etwas schwieriger. Sie hat es so an sich, daß sie dem Kind nicht unbedingt äußerlich anzusehen ist. Und das ist ein Glück. Dem Kind mit einem unterdurchschnittlichen Begabungsgrad nämlich steht der IQ nicht auf der Stirn geschrieben. Deshalb überlebt es die Vorschuljahre oft ohne größere Einbußen an Selbstachtung. Zuweilen kann es fünf oder sechs Jahre dauern, bis dieses Kind dann den riesigen Unterschied zwischen sich und seinen intelligenten Freunden bemerkt. Aber wenn dieser Zeitpunkt gekommen ist, wird es gefährlich. Die Schule ist für Kinder mit einem leicht verwundbaren Ego eine große Gefahr. Das geistig schwerfällige Kind kommt in aller Regel kaum umhin, zu erleben, wie seine Selbstachtung langsam aber sicher in Stücke geschlagen wird, bis schließlich nichts als ein Scherbenhaufen übrigbleibt. Ich war Lehrer, und deshalb weiß ich sehr genau, auf wie vielfältige Weise die Selbstachtung eines Kindes in der Klasse zunichte gemacht werden kann.

Nehmen wir ein Beispiel: Fräulein Müller erklärt ihren Schülern, daß sie mit ihnen einen Rechenwettbewerb veranstalten will. Die beliebtesten Schüler, Hans und Maria, werden ausgewählt, zwei Teams zusammenzustellen. Jeder der beiden darf sich abwechselnd einen Klassenkameraden aussuchen. Zuerst kommt Maria an die Reihe. Sie zeigt auf den intelligentesten Jungen der Klasse. Dann ist Hans dran. Auch er nimmt ein als intelligent bekanntes Kind in seine Mannschaft. Während dieses Auswahlverfahren nun immer so weitergeht, sitzt der dumme kleine Kurt zusammengesunken auf seinem Platz. Er weiß ganz genau, wie dieses Spiel ausgehen wird. Er denkt bei sich: »Hoffentlich nimmt dich jemand!«. Aber Kurt kann nicht lesen und noch weniger rechnen. Jeder weiß, daß er dumm ist. Hans und Maria wählen weiter, bis niemand mehr übriggeblieben ist – außer Kurt. Ganz allein sitzt er da. Hans sagt: »Nimm ihn doch!«. Und Maria erwidert: »Nein, du sollst ihn nehmen!«. Schließlich befiehlt Fräulein Müller Hans, Kurt in sein Team aufzunehmen. Der Wettbewerb beginnt. Raten Sie mal, wer versagt. Raten Sie, wer schuld ist, daß seine Mannschaft verliert. Raten Sie, wer sich am liebsten irgendwo in einer Ecke verkriechen würde.

Es gibt im wesentlichen fünf Schwierigkeiten, die dazu führen können, daß ein Kind für dumm gehalten wird, dumm und deshalb natürlich auch minderwertig.

1. *Der Lernbehinderte.* Kurt, der Versager, ist lernbehindert, sehr lernbehindert. Niemand weiß warum, am allerwenigsten Kurt selbst. Er ist nicht etwa faul. Er arbeitet. Aber nichts klappt. Er kann nicht lesen, in naturwissenschaftlichen Fächern kapiert er nichts. Allzu selten darf er einmal lachen, weil er etwas richtig gemacht hat. Noch nie hat ihn seine Lehrerin gelobt. Er ist das einzige Kind in der Klasse, das noch keinen einzigen goldenen Stern für gute Rechtschreibung in sein Heft geklebt bekommen hat.

Merkt Kurt, was mit ihm los ist, wie die anderen ihn beurteilen? Und ob er das merkt! So schwerfällig ist er nun auch wieder nicht. Er kommt sich unerhört dumm vor. Er kann sich das nicht erklären. Er ist vollkommen wehrlos. Tag für Tag muß er vor aller Augen offen versagen. Seinem Selbstwertgefühl ist das alles nicht gerade zuträglich. Seine jugendliche Begeisterung wird bald ganz erloschen sein. Nach einigen Jahrzehnten werden sich die Menschen fragen, warum dieser Kurt wohl so ein langweiliger Mensch ist, so unsicher, so gar nicht kreativ. Und niemand wird da sein, um den Menschen zu antworten: Kurts Licht erlosch bereits, als er sechs Jahre alt war.

2. *Das halbanalphabetische Kind.* Martha ist ein siebenjähriges mexikanisch-amerikanisches Mädchen, das die erste Klasse wiederholt. Sie ist halbanalphabetisch. Bei ihr zu Hause werden zwei Sprachen gesprochen, aber Martha hat keine von beiden richtig gelernt. Sie weiß nicht, wie sie sich ausdrücken soll, und dabei kommt sie sich unglaublich dumm vor. Deshalb sagt sie lieber keinen Ton. Dieses Schweigen ist ihr einziger Schutz gegen die feindselige Welt um sie herum.

3. *Das träge und undisziplinierte Kind.* Susanne ist eine intelligente junge Dame. Von ihrem IQ her gehört sie zu der »Oberschicht« ihrer Klasse. Die meisten der gestellten Aufgaben kann sie mit Leichtigkeit bewältigen. Leider ist Susanne von Natur aus sehr undiszipliniert. Vor allem mangelt es ihr an Selbstdisziplin. Sie wird leicht abgelenkt, gibt sich häufig gelangweilt und selten motiviert. Sie macht ihre Schulaufgaben möglichst schnell, um sie hinter sich zu bringen. Sie vermeidet jede überflüssige Anstrengung. Ihren Eltern erzählt sie erst gar nicht, was sich in der Schule so tut. Jeder Versuch, Susanne auf Trab zu bringen, wird mit noch größerer Trägheit beantwortet. Susanne weiß nicht, daß sie eigentlich intelligent ist. Woher auch? Die Bemerkungen, die unter ihren Arbeiten stehen, zeigen keine Spur von etwaigen Fähigkeiten in ihr. Nur Schlamperei und Ungenauigkeit werden ihr immer wieder vorgeworfen. Eltern und Lehrer sind mit ihren Leistungen offensichtlich unzufrieden. Schließlich wird Susanne das gleiche Fazit wie ihre weniger begabten Freunde ziehen: »Ich bin dumm!«

4. *Das sozial benachteiligte Kind.* Willi kommt aus einem Obdachlosengetto. Er hat noch nie einen Zoo besucht. Er kennt nur die schmutzigen Einfachstwohnungen seiner nächsten Umgebung. Sein Vater ist unbekannt. Seine Mutter arbeitet den ganzen Tag, um fünf kleine Kinder zu versorgen. Sein Wortschatz ist

ausgesprochen dürftig – einmal abgesehen von den zahlreichen Schimpfwörtern, die er auf Lager hat. Zu Hause hat er keinen Platz, wo er seine Schulaufgaben erledigen könnte. Willi weiß ganz genau, daß er seine Schulzeit frühzeitig abbrechen wird. Dementsprechend klein ist seine Selbstachtung.

5. *Der Spätentwickler.* Zum Schluß möchte ich Ihnen Axel vorstellen, den »Spätentwickler«. Um seine Geschichte verstehen zu können, müssen wir weit in seine Kindheit zurückgehen. Damals war Axel fünf Jahre alt und sollte bald in den Kindergarten kommen. Er war ein unreifer kleiner Kerl, in vielen Dingen behandelte seine Mutter ihn immer noch als ihr Baby. Im Vergleich zu seinen Freunden war Axels Wortschatz kindlich. Er weinte oft, und die anderen Kinder hänselten ihn.

Ein Psychologe oder Kinderarzt hätte sicher festgestellt, daß Axel weder krank noch geistig zurückgeblieben war. Seine Entwicklung verfolgte einfach einen langsameren physiologischen Zeitplan als bei den meisten anderen Kindern seines Alters. Aber dann nahte der fünfte Geburtstag heran, und jedermann weiß, daß Mittelstandskinder, die fünf Jahre alt werden, in die Vorschule müssen. Ein Jahr später kam er in die Schule. Er freute sich darauf, aber innerlich war er auch ein wenig gespannt und ängstlich. Er wußte, seine Eltern wollten, daß er die Schule erfolgreich absolvierte, aber er wußte nicht, warum sie das wollten. Sein Vater hatte ihm gesagt, er würde ein »Versager« sein, wenn er keine Ausbildung erhielte. Er wußte zwar nicht, was ein Versager ist, aber eines wußte er: Er wollte keiner werden! Mama und Papa erwarteten Besonderes von ihm, und er wollte sie nicht enttäuschen. Seine Schwester Pamela war schon in der zweiten Klasse; sie kam gut vorwärts. Sie konnte schon ziemlich gut lesen und schreiben, und sie wußte bereits die Wochentage auswendig. Axel hoffte, daß er diese Dinge auch bald lernen würde.

Die Vorschule erwies sich für Axel als eine ruhige Zeit. Er fuhr Dreirad und spielte im Sand. Dabei zog er es vor, allein zu spielen, solange nur Fräulein Moss in der Nähe war. Die Kindergärtnerin merkte ganz genau, daß Axel noch nicht reif für die Schule war. Sie schlug seinen Eltern deshalb vor, den Jungen noch ein Jahr in der Vorschule zu lassen. »In der Vorschule durchfallen?!« rief sein Vater. »Das gibt es doch gar nicht, daß ein Kind in der Vorschule durchfällt!« Fräulein Moss versuchte zu erklären, daß Axel nicht »durchgefallen« sei, sondern daß er einfach noch ein Jahr brauche, um für die erste Schulklasse reif zu sein. Aber schon der Vorschlag verursachte bei Axels Vater einen Wutanfall. »Das Kind ist sechs Jahre alt; es soll Lesen und Schreiben lernen. Was nutzt es ihm, hier im Sand zu spielen und mit dem Dreirad durch die Gegend zu fahren?!« Also mußte Axel in die erste Klasse.

Im September kommt der erste Schultag. Und schon bald stellt sich heraus, daß Fräulein Moss vielleicht doch nicht so Unrecht hatte. Vom ersten Tag an hat Axel in der Schule Schwierigkeiten. Besonders das Lesen macht ihm schwer zu schaffen. Fräulein Klein, seine neue Lehrerin, stellt den Kindern das Alphabet vor. Axel sieht, daß die meisten seiner Klassenkameraden es schon können. Er muß also etwas nachholen. Aber da beginnt Fräulein Klein auch schon, etwas Neues durchzunehmen. Axel kommt immer mehr ins Hintertreffen. Manche der Kinder lernen das Lesen ganz schnell. Axel aber arbeitet immer noch am Alphabet. Fräulein Klein teilt die Klasse in drei Lesegruppen auf. Damit will sie die Tatsache verbergen, daß die Schüler nicht alle gleich schnell vorwärtskommen. Ihr Motiv ist sicher edel. Aber sie kann niemanden hinters Licht führen. Die Schüler brauchen höchstens zwei Minuten, um zu kapieren, daß die in der dritten Lesegruppe alle dumm sind. Axel macht sich immer mehr Sorgen darüber, daß er nicht so schnell lernen kann wie seine Altersgenossen. Und allmählich kommt ihm der Gedanke, daß irgend etwas bei ihm nicht stimmt.

Auf der ersten Elternversammlung erzählt Fräulein Klein Axels Eltern von seinen Schwierigkeiten in der Schule. Sie beschreibt seine Unreife und seine Unfähigkeit, sich beim Unterricht zu konzentrieren oder still zu sitzen. »Unsinn«, sagt sein Vater. »Das Kind braucht nur jemanden, der mit ihm übt.« Er besteht darauf, daß Axel seine Bücher mit nach Hause bringt, damit sich Vater und Sohn zu weiteren akademischen Übungen hinsetzen können. Aber alles, was Axel tut, ärgert seinen Vater. Seine kindlichen Gedanken schweifen ab, und er vergißt, was man ihm fünf Minuten zuvor gesagt hat. Sein Vater gerät immer mehr in Rage, und Axels Konzentration läßt immer stärker nach. Eines Tages schlägt Axels Vater mit der Faust auf den Tisch und nennt seinen

Sohn »dumm«. Wenn Axel auch vieles vergißt – dieses Wort wird er niemals vergessen!

In den ersten Tagen seiner Schulzeit gab sich Axel noch redliche Mühe mit dem Lernen. Einige Wochen später schon wird er total desinteressiert. Er sieht aus dem Fenster, kritzelt mit seinem Bleistift auf einem Blatt Papier herum, flüstert und spielt. Schreiben kann er nicht, lesen kann er nicht, noch nicht einmal buchstabieren kann er. Er ist unbeteiligt und gelangweilt und weiß meistens nicht, was gerade passiert. Er fühlt sich entsetzlich minderwertig. »Axel, lies bitte den nächsten Absatz vor!«, befiehlt seine Lehrerin. Er steht auf, bewegt sich von einem Fuß auf den anderen, während er darum kämpft, wenigstens das erste Wort zu entziffern. Die Mädchen kichern, und er hört, wie einer der Jungen sagt: »Mensch, ist der blöd!«. Das Problem begann als Entwicklungsdefizit. Mittlerweile aber hat es sich zu einer psychischen Zeitbombe gemausert. Mit der Zeit lernt Axel, die Schule zu hassen.

Diese fünf Kategorien von Lernproblemen sind es, die so vielen Schülern zu schaffen machen. Ernüchternd ist die Tatsache, daß die meisten unserer Kinder zu einer dieser Kategorien gehören. Unzufriedenheit und Enttäuschung sind also das »Normale« in unserem Schulsystem. Das erklärt auch den großen Prozentsatz von Erwachsenen, die insgeheim »wissen«, daß sie dumm sind – eine Lektion, die sie während ihrer Schulzeit gelernt haben.

Ich möchte es noch einmal sagen: Wir müssen uns in unsere eigene Kindheit zurückversetzen, wenn wir unsere Kinder, wenn wir ihre Gefühle und Verhaltensweisen verstehen wollen. Können Sie sich noch an die quälenden Augenblicke erinnern, als Sie sich in Ihrer Kindheit unglaublich dumm vorkamen? Ist es heute etwa anders? Schießt ihnen nicht immer noch das Blut in den Kopf, wenn Sie irgendeinen Schnitzer gemacht haben? Erinnern Sie sich noch daran, welch ohrenbetäubendes Gelächter Ihnen entgegenscholl, als Sie in der Schule etwas Dummes von sich gegeben hatten? Spüren Sie noch den spitzen Stachel des Hohns und der Mißachtung? Jedes Kind muß solche Augenblicke durchmachen. Leider aber gibt es viele Kinder, die dieses Gefühl der eigenen Unvollkommenheit und Minderwertigkeit jeden Tag ihres Lebens zu spüren bekommen. Das Leben kann für ein Kind, das unterdurchschnittlich begabt ist, zur Qual werden.

SONSTIGE FAKTOREN DER SELBSTACHTUNG

Ich habe die entscheidende Bedeutung zweier Faktoren, der Schönheit und der Intelligenz, für die Formung des Selbstwertgefühls dargelegt. Bei Männern tritt die physische Anziehungskraft allmählich hinter dem Maßstab der Intelligenz zurück. Bei den Frauen hingegen behält die Schönheit ihren ersten Platz das ganze Leben hindurch. Die Frau möchte lieber schön als intelligent sein. Die Begründung dafür ist denkbar einfach: Schönheit kann man sehen, Intelligenz nicht, und wir Männer verlassen uns in aller Regel zuerst auf das, was wir bei einer Frau sehen. Aus der Sicht der Frau wiederum rangiert beim Mann die Intelligenz ganz vorn. Ein intelligenter Mann ist »wertvoller« für die Frau als ein schöner Mann.

Gewiß, Schönheit und Intelligenz sind nicht die beiden einzigen Faktoren, die unser Wertsystem prägen. Es hat ungezählte attraktive Intellektuelle gegeben, die trotzdem mit sich und der Welt unzufrieden waren. Mir geht es hier aber darum, zu zeigen, daß Minderwertigkeitskomplexe meistens im Zusammenhang mit Schönheit oder Intelligenz stehen, beziehungsweise mit ihrem Fehlen. Der Vollständigkeit halber hier einige der anderen häufigsten Faktoren, die sich auf unserer Wertskala niederschlagen:

1. Allen voran sind es die Eltern, die es in der Hand haben, ob ihr Kind ein gesundes Selbstwertgefühl bekommt. Ihre Verhaltensweisen vermitteln entweder Achtung und Liebe oder Enttäuschung und Desinteresse. Diese wichtige Rolle der Eltern wird an anderer Stelle noch ausführlich erörtert.

2. Ältere Geschwister können das Selbstvertrauen eines jüngeren, schwächeren Kindes zerstören. Der Kleine wird seinen größeren Brüdern und Schwestern immer unterlegen sein. Wenn dieses jüngste Kind immer wieder zu spüren bekommt, daß es ja doch nicht soviel kann wie die anderen, könnte es allzu schnell zu dem Schluß kommen, es sei dumm und unfähig.

3. Frühe Fehler sind manchmal äußerst schmerzhaft und werden in einigen Fällen ein Leben lang nicht vergessen.

4. In vielen Fällen müssen die Eltern so sehr mit dem Geld rechnen, daß ihr Kind schon von seiner Kleidung her gegenüber seinen Altersgenossen unterprivilegiert ist. Auch hier ist oft die Konsequenz, daß sich dieses Kind minderwertig vorkommt. Es ist nicht die Armut selbst, die den Schaden anrichtet. Es ist vielmehr der Vergleich mit den anderen. Übrigens: Hier sprechen wir wahrscheinlich den Maßstab an, der nach Schönheit und Intelligenz am häufigsten von uns angelegt wird, um den Wert eines Menschen zu beurteilen: das Geld. In unserer materiell orientierten Gesellschaft ist ein pickeliger Teenager auf einem Fahrrad etwas weniger wert als ein pickeliger Teenager auf einem funkelnagelneuen Moped.

5. Nicht selten ist eine angeborene Krankheit die Ursache für einen psychischen Knacks. Ein Herzfehler zum Beispiel, der Mama dazu veranlaßt, dauernd zur Vorsicht zu ermahnen, kann das Kind schließlich davon überzeugen, daß es zerbrechlich und weniger wert ist als die anderen.

6. Kinder, die auf dem Land großgeworden sind, legen in der Umgebung einer Großstadt zuweilen Ängstlichkeit und Ungeschicklichkeit an den Tag. Sie neigen dazu, sich schüchtern zurückzuziehen.

7. Eine reichlich sprudelnde Quelle für Minderwertigkeitskomplexe ist schließlich die Tatsache, daß sich ein Kind seiner Eltern schämt. Beispiel: Der Vater ist Alkoholiker. Genauso peinlich erweist sich zuweilen für ein Kind der Umstand, daß eines seiner Geschwister geistig behindert ist. Auch hieraus können – mit kräftiger Hilfe von lieblosen Verwandten oder Bekannten – erhebliche Minderwertigkeitskomplexe erwachsen.

Noch zahlreiche andere ähnliche Faktoren spielen bei der Entwicklung des Selbstwertgefühls eines jungen Menschen eine Rolle. Ich bin während der Arbeit an diesem Buch zu folgendem Schluß gekommen: Ein Kind kann seine Selbstachtung sehr schnell und auf vielfältige Weise verlieren; der sorgfältige Wiederaufbau des persönlichen Wertgefühls hingegen erweist sich als langwieriger und komplizierter Vorgang.

FRAGEN UND ANTWORTEN

1. *Gibt es Anzeichen dafür, daß junge Menschen die hier beschriebenen Wertmaßstäbe satt haben?*

Es gibt diese Anzeichen, allerdings nur während einer verhältnismäßig kurzen Zeit in der späten Adoleszenz. Ich bin auch der festen Überzeugung, daß die Opposition der jungen Menschen gegen die Welt der Erwachsenen während des vergangenen Jahrzehnts aus der Ablehnung jener unerreichbaren Werte, die ich beschrieben habe, resultierte. Es fing an mit den Beatniks, den Hippies und Blumenkindern und reicht bis in die Gegenwart hinein.

Das dritte physikalische Gesetz von Sir Isaac Newton behauptet: »Für jede Aktion gibt es eine gleiche und entgegengesetzte Reaktion.« Diese immer wieder bestätigte Beobachtung beschreibt nicht nur Aktion und Reaktion von Materie im physikalischen Bereich, sie bezieht sich auch auf die Welt der Menschen. Wenn eine Gesellschaft eine Reihe von Werten weit über ihre eigentliche Bedeutung hinaus betont, so wird das bald unter Andersdenkenden eine »gleiche und entgegengesetzte Reaktion« hervorrufen. Für mich gibt es keinen Zweifel, daß die Unruhe unter den jungen Menschen in der heutigen Zeit eine konsequente Reaktion gegen die beispiellose Überbetonung von Schönheit, Intelligenz und Geld ist. Denken Sie doch einmal über die Hippies nach. Sie geben sich möglichst natürlich, kämmen sich nicht die Haare, die jungen Damen verachten jegliches Make-up. Der Hippie lehnt eine »ordentliche« Ausbildung herkömmlicher Art ab, vor allem der unbarmherzige Leistungsdruck ist ihm zuwider. Meiner Ansicht nach wurde dieser Protest hauptsächlich motiviert durch die Abneigung gegen Werte unseres Establishments.

2. *Ist das eine gesunde Tendenz?*

Die Ablehnung unserer festgefahrenen Wertvorstellungen ist an sich ein begrüßenswerter Vorgang. Gleichzeitig stellt sich aber eine sehr entscheidende Frage: Durch welche Werte sollen unsere traditionellen Maßstäbe ersetzt werden? Die Antwort ist nicht gerade ermutigend: Auf der Suche nach anderen Wertmaßstäben haben sich viele enttäuschte junge Menschen in Drogenabhängigkeit, sexuelle Freizügigkeit, in eine »Laisser-faire«-Philosophie geflüchtet. Aber das ist kaum eine Verbesserung gegenüber dem alten System.

3. *Liegt es daran, daß so viele junge Menschen sinn- und ziellos durchs Leben stolpern?*

Ja, zu einem hohen Grade. Das erklärt meiner Ansicht nach auch die gewaltige Energie, die in die Jesus-People-Bewegung investiert worden ist. Die Grundwerte des Christentums wurden von den jungen Leuten zu einer Zeit wiederentdeckt, als alle anderen Werte bis zur Unkenntlichkeit verblaßt waren. In diese Leere hinein kam etwas, für das es sich wirklich zu leben – oder sogar zu sterben – lohnte. Hier war ein Wertsystem, das jedem Menschen auf dieser Erde wirklichen und unbedingten Wert, das ihm eine wirkliche und unabhängige Würde verlieh. Rückblikkend wird deutlich, daß der christliche Glaube in der Atmosphäre, wie sie in den späten sechziger und frühen siebziger Jahren unter der jungen Generation herrschte, einfach gedeihen mußte.

4

Strategien zur Bekämpfung von Minderwertigkeitsgefühlen

Es wird höchste Zeit, daß wir unserem ungerechten Wertsystem, in dem Selbstachtung und Würde nur einer auserwählten Minderheit vorbehalten bleiben, den Kampf ansagen. Ich wende mich entschieden gegen jenen Fatalismus, der besagt, Minderwertigkeitsgefühle seien nun einmal unvermeidlich. Es *gibt* Mittel und Wege, unseren Kindern wirkliches Selbstwertgefühl zu vermitteln. Natürlich ist die Bewältigung dieser Aufgabe bei einigen Kindern schwieriger. Aber das heißt noch lange nicht, daß wir sie nicht bewältigen könnten. Jedes Kind hat das Recht, den Kopf hochzuhalten, nicht aus Hochmut oder Stolz, sondern mit Zuversicht und in liebevoller Geborgenheit. Jeder Mensch ist eine Schöpfung Gottes. Und Gott schuf uns nach seinem Bilde. Wie töricht ist es da, wenn wir den Wert eines Menschen anzweifeln! Wir können nachlesen, was Gott zu dem ganzen Schönheitskult sagt. Vor mehr als dreitausend Jahren schon hat er uns seine Ansicht unmißverständlich wissen lassen. Damals suchte Samuel einen König für Israel. Natürlich wählte er den schönsten und größten Sohn Isais, aber Gott sagte ihm, er hätte den falschen Mann erwählt:

> Schaue nicht auf sein Aussehen, noch auf die Höhe seines Wuchses, denn ich habe ihn, Davids Bruder, verworfen; denn Gott sieht nicht auf das, worauf der Mensch sieht; der Mensch sieht auf das Äußere; der Herr sieht auf das Herz.
> (1. Sam. 16, 7)

Wie klar ist diese Botschaft! Und dennoch haben wir sie unseren Kindern nicht übermittelt. Manche der kleinen Leute fühlen sich so minderwertig, daß sie noch nicht einmal glauben können, daß Gott sie liebt. Sie kommen sich so leer und wertlos vor, und sie können sich nicht vorstellen, daß Gott an sie denkt, daß er sie versteht. Christian war ein solches Kind. Er schrieb Dr. Richard A. Gardner, einem Psychotherapeuten, der mit Kindern arbeitet, folgendes Briefchen:

> Lieber Dokter Gardner
>
> Was mir Sorgen macht ist ein großer Mensch lange her es war ein Junge von ungefähr 13. Er nannte mich Schildkröte und ich weis es war wegen meiner plastischen Schirurgi.
>
> Und ich glaube Gott hast mich wegen meiner Lippe. Und wenn ich sterbe, wird er mich wahrscheinlich in die Hölle schicken.
>
> Ihr Christian

Können Sie die Einsamkeit und Verzweiflung dieses Jungen nachempfinden? Wie furchtbar, daß schon ein siebenjähriges Kind glaubt, es werde vom ganzen Universum gehaßt. Wie werden die vielen Begabungen vertan, die bereits im Augenblick seiner Geburt in ihm waren! Welche unnötigen Schmerzen wird er sein ganzes Leben lang ertragen müssen! Und dabei ist Christian nur das Opfer eines dummen, ungerechten Systems, anhand dessen wir den menschlichen Wert bemessen, eines Systems, das Eigenschaften betont, die die Mehrzahl unserer Kinder niemals haben wird. Nicht mehr Ehrlichkeit, Integrität, Mut, handwerkliches Können, Humor, Treue, Geduld, Fleiß oder andere Eigenschaften werden belohnt, vielmehr bewahren wir unsere ganze Hochachtung für kluge junge Menschen auf, die in der Badehose »gut aussehen«. Es wird wirklich Zeit, daß sich da etwas ändert!

Was also sollen wir tun? Wie können wir als Eltern und Lehrer trotz des vorherrschenden sozialen Drucks starke und unbezwingbare Persönlichkeiten erziehen? Welche Schritte sind notwendig, um die herkömmliche Wertskala durch eine andere zu ersetzen? Ich möchte die folgenden Ausführungen der Entwicklung von spezifischen Strategien widmen, die uns weiterhelfen sollen.

Diese Strategien konzentrieren sich auf das frühe Leben zu Hause, die Schuljahre, die Erfahrungen der Adoleszenz, und sie wenden sich auch an die Welt der Erwachsenen. Jeder dieser Strategien folgt ein Abschnitt mit Fragen und Antworten. Sie spiegeln die Nöte ratsuchender Eltern wider und basieren auf Anfragen, die ich von diesen Eltern erhalten habe.

Ziel der Ausführungen ist, eine wirksame Philosophie der Kindererziehung zu formulieren, die schon im Säuglingsalter dazu dienen soll, im Kind ein stabiles Selbstwertgefüge aufzubauen.

Strategie Nr. 1

PRÜFEN SIE DIE WERTVORSTELLUNGEN IN IHRER EIGENEN FAMILIE

Wir Eltern sind doch alle Produkte einer Gesellschaft, deren Wertvorstellungen ich verurteilt habe. Man hat uns systematisch beigebracht, Schönheit und Intelligenz anzubeten, wie alle es tun. Und das gilt genauso für Omas und Opas, für Onkels und Tanten, Vettern und Nachbarn. Wir alle wollen Superkinder, die die Welt in Erstaunen versetzen. Geben wir es doch endlich zu: Die größte Gefahr für unsere Kinder sind wir selbst! Oft zeigt sich, daß der größte Schaden gerade in der Familie angerichtet wird, die dem Kind doch Zuflucht und Geborgenheit geben sollte. Außerdem habe ich bei meiner Arbeit mit Eltern beobachtet, daß ihre eigenen Minderwertigkeitskomplexe zur Folge haben, daß es ihnen schwerfällt, Unvollkommenheiten bei ihren Kindern zu akzeptieren. Sie wollen ihre Söhne und Töchter keinesfalls verstoßen, und sie arbeiten fleißig an sich, um diese Gedanken zu verbergen. Aber die Erfahrung lehrt, daß diese Versuche kaum von Erfolg gekrönt sind. Immer wieder sehen diese Eltern in ihrem Kind ein Spiegelbild ihrer eigenen persönlichen Unzulänglichkeiten. Nur wenigen Menschen gelingt es, wirklich gerecht und menschlich zu urteilen, indem sie einem häßlichen oder geistig zurückgebliebenen Kind liebevoll sagen: »Ich habe dich wirklich lieb, mein Kleiner. Ich weiß um deinen unermeßlichen Wert als Mensch.«

Der erste Schritt zum Aufbau eines Selbstwertgefühls bei Ihrem Kind besteht also darin, daß Sie Ihre eigenen Gefühle genau überprüfen. Vor allem müssen Sie sich die vielen ungerechten Gefühle klarmachen, die sich vielleicht nur in Ihrem Unterbewußten eingenistet haben. Sind Sie insgeheim enttäuscht darüber, daß Ihr Kind so »durchschnittlich« ist? Haben Sie es zuweilen ablehnend behandelt, weil Sie es nicht attraktiv genug fanden? Meinen Sie, es sei dumm und stumpfsinnig? Wurde es in einer Zeit geboren, wo Sie sich alles Mögliche wünschten – nur kein Kind? Wollten Sie lieber ein Mädchen als einen Jungen? Oder lieber einen Jungen als ein Mädchen? Wurde dieses Kind unehelich empfangen? Mußten Sie deshalb heiraten? Ärgerten Sie sich damals darüber, daß Sie Ihre Freiheit verloren hatten? Schämen Sie sich Ihres Kindes, weil es zu ungezogen oder zu still und zurückhaltend ist? Sie können einem Kind schwerlich beibringen, sich selbst zu achten, wenn Sie selbst es nicht mögen, aus welchen Gründen auch immer. Überprüfen Sie Ihre innersten Gefühle, vielleicht mit Hilfe eines Seelsorgers oder Arztes. Dann erst besteht für Sie die Chance, auch Ihrem nicht so »perfekten« Kind einen Platz in Ihrem Herzen einzuräumen. Und schließlich: Welches Recht haben wir eigentlich, Superkinder zu verlangen, wo wir selbst doch so durchschnittlich sind?

Wie das Kind sich selbst sieht, hängt in beträchtlichem Maße davon ab, wie Sie es – seiner Meinung nach – sehen. Es beobachtet mit Interesse, was Sie sagen und tun. Es merkt sehr genau, wie Sie es beurteilen. Dr. Stanley Coopersmith erstellte eine ausführliche Studie über die Selbstachtung – sie ist unter Strategie Nr. 6 genauer beschrieben – und kam zu dem Schluß, daß Eltern einen enormen Einfluß darauf haben, wie ein Kind sich selbst sieht. Wir können unsere Kinder entweder mit Zuversicht ausrüsten, die so notwendig ist, um dem starken sozialen Druck widerstehen zu können, oder sie hilflos den Wirren der Welt aussetzen. Wenn ein Kind überzeugt ist, daß seine Eltern es lieben und achten, neigt es viel eher dazu, sich so zu akzeptieren, wie es ist.

Nun habe ich aber beobachtet, daß viele Kinder zwar intuitiv wissen, sie werden von ihren Eltern geliebt; trotzdem aber glauben sie nicht, daß ihre Eltern sie auch wirklich achten. Auf den ersten Blick scheint sich das auszuschließen. Aber dieses Gefühl ist nicht nur bei Kindern vorhanden. So kann eine Ehefrau ihren Mann durchaus lieben, obwohl er Alkoholiker ist. Weil er aber immer wieder betrunken nach Hause kommt, bringt sie kaum noch Achtung für ihn auf. Ein Kind kann also zu dem Schluß kommen: »Ja, natürlich lieben sie mich, weil ich ihr Kind bin. Ich bin für sie wichtig. Aber sie sind nicht stolz auf mich als Menschen. Sie sind von mir enttäuscht. Eigentlich hätten sie lieber ein anderes Kind. Ich bin nicht so, wie sie es gern hätten.«

Auch auf die Gefahr hin, daß ich mich wiederhole, muß ich es nochmals betonen: Es ist sehr leicht, gleichzeitig Liebe und Mißachtung zu zeigen. Ihr Sohn mag der Ansicht sein, Sie würden Ihr Leben für ihn lassen, wenn es notwendig wäre, und doch spürt er, daß Sie ihn nicht wirklich akzeptieren. Sie reagieren nervös, wenn er beginnt, mit Gästen zu sprechen. Sie fallen ihm ins Wort, um zu erklären, was er eigentlich sagen wollte, oder sie lachen nervös, wenn seine Bemerkungen Ihnen dumm vorkommen. Wenn ihm jemand eine Frage stellt, schalten Sie sich dazwischen und antworten für ihn. Sie zeigen sich ungehalten, wenn Sie ihm die Haare kämmen, um ihn für eine Geburtstagsfeier »schön« zu machen. Das Kind merkt ganz genau, was Sie denken: »Das ganze Kämmen nützt ja doch nichts.« Wenn das Kind einmal ein Wochenende bei einem Klassenkameraden verbringen will, halten Sie ihm vorher einen Vortrag, wie es sich benehmen soll, wie es vermeiden kann, sich zu blamieren. All das sind deutliche Zeichen für das Kind, die ihm verraten, daß Sie Angst haben, es könnte *Ihr* Image beschmutzen, es könnte die ganze Familie in Verruf bringen, wenn Sie es nicht beaufsichtigen. Ihr ganzes Verhalten zeugt von Mißachtung, obwohl es von echter Liebe umrahmt ist. Die Liebe ist eine private Angelegenheit zwischen Ihnen und dem Kind. Die Achtung hingegen richtet sich nach den »anderen«.

Die Liebe zu Ihrem Kind ist also nur die Hälfte der Aufgabe, ihm Selbstachtung beizubringen. Der Liebe muß sich das Element der Achtung hinzugesellen. Nur so können Sie das Kind wirklich ausrüsten für seinen Kampf gegen die sozialen Zwänge, die ihm später auferlegt werden. Wenn es niemanden gibt, der fest an seinen Wert als Mensch glaubt, kann die Welt ein kalter und einsamer Ort für ein Kind sein. Aus diesem Grunde habe ich in den beiden vorigen Kapiteln die übermächtigen Bedrohungen beschrieben, denen die Selbstachtung unserer Kinder ausgesetzt ist. Ich möchte, daß jeder Elternteil versteht, was seinem Kind später im Leben begegnen wird. Ich möchte, daß die Eltern ihren Kindern soviel Selbstachtung vermitteln, daß diese Kinder später die vielen Schwierigkeiten ihres Lebens mit heiler Haut durchstehen.

Meiner Ansicht nach gibt es fünf wesentliche Faktoren, die dazu beitragen können, daß Ihr Kind seinen Wert bezweifelt, auch wenn es noch so sehr geliebt wird. Ich schlage vor, daß der Leser einmal seine eigene Familie unter die Lupe nimmt, wenn wir nun diese fünf Faktoren erörtern.

1. *Mangelndes Feingefühl.* Wenn es eine Lektion gibt, die Eltern dringendst lernen müssen, so ist es Feingefühl. Oft bin ich nach meinen Vorträgen von Eltern um Rat gefragt worden. Während Mama mit lauter Stimme die Einzelheiten der Probleme beschrieb, die sie mit ihrem Sprößling hatte, bemerkte ich, daß eben dieser Sprößling die ganze Zeit etwa einen Meter hinter ihr stand. Wahrscheinlich hat er noch nie so interessiert zugehört wie in diesem Moment. Ich kann nur mit dem Kopf schütteln, wenn ich sehe, wie Eltern auf diese Weise Stück für Stück die Selbstachtung ihres Kindes zerlegen. Heute nachmittag ging ich zum Beispiel mit meinen beiden Kindern im Park spazieren. Dort wurde ich von einer Mutter angesprochen, die mir wieder einmal einen lebenden Beweis für mangelndes Feingefühl gab. Sie klagte mir ihr Leid über ihren sechsjährigen Sohn Robert, der nur ein paar Meter entfernt stand und aufmerksam zuhörte. Sie sagte: »Er hatte über 40 Fieber, als er geboren wurde. Der Arzt konnte ihm nicht helfen. Wahrscheinlich gab er ihm die falschen Tabletten. Man hat mir gesagt, daß er irgendeinen Gehirnschaden hat. Ich sehe schon die Schwierigkeiten mit der Schule auf mich zukommen.«

Wenn Robert mein Junge wäre, so wäre seine geistige Behinderung mit Sicherheit das Allerletzte, was ich einem Fremden in seiner Anwesenheit beschreiben würde. Es war, als wenn diese Mutter gesagt hätte: »Das hier ist Robert, der Dumme. Sie müssen wissen, daß er geistig nicht normal ist.« Wie wenig feinfühlig verhielt sich diese Mutter gegenüber ihrem armen Sohn. Robert zeigte sich nicht schockiert. Er blickte noch nicht einmal auf. Aber Sie können sicher sein, daß er sehr genau zugehört hat.

Diese Worte seiner Mutter wird er nie wieder vergessen. Sie werden ihn prägen.

Erstaunlicherweise sind es nicht nur Eltern mit mangelndem Feingefühl, die in diese Art von Torheit hineinstolpern. Neulich überwies ich einen Neunjährigen einem Neurologen wegen schwerer Lernprobleme. Nachdem der Arzt diesen keinesfalls unintelligenten jungen Mann untersucht hatte, ließ er dessen Eltern zu sich kommen. Im Beisein des Jungen besprach man sämtliche Einzelheiten seines »Gehirnschadens«. Und der junge Patient hörte interessiert zu. Wie können wir unseren Kindern Selbstachtung beibringen, wenn wir selbst offensichtlich jeglichen Kontakt zur Kindheit verloren haben? Merken wir denn nicht, daß sie uns zuhören? Gute Eltern und Lehrer wissen, daß die Selbstachtung die zerbrechlichste Eigenschaft der menschlichen Natur ist. Wenn sie erst einmal zerstört ist, wird es sehr schwierig, sie wieder aufzubauen.

Das elterliche Feingefühl sollte besonders dort einsetzen, wo es um physische Anziehungskraft und Intelligenz der Kinder geht. Dies sind die beiden »weichen« Stellen, an denen sie am verwundbarsten sind. Natürlich wird es uns niemals ganz gelingen, das ungerechte Wertsystem von unseren Kindern fernzuhalten. Denken wir nur einmal darüber nach, wie uns Tag für Tag beigebracht wird, daß die Schönheit das Wichtigste im Leben ist:

Reklamen: »Auch Sie können weiches und volles Haar haben.«

Mutter: »Herr und Frau Martin haben wirklich niedliche Kinder.«

Vater: »Wann wirst du endlich wachsen, Willi!?«

Märchen: »Dann setzte sich das häßliche Entlein hin und weinte.«

Verwandte: »Was bist Du für ein hübsches Mädchen geworden!«

Alles dreht sich um die Schönheit. Es scheint nichts Wichtigeres zu geben auf der Welt. Natürlich können Sie Ihr Kind vor diesen Einflüssen nicht immer beschützen. Aber Sie können alles tun, um nicht auch selbst diesen ganzen Schönheitskult mitzumachen. Sie können zum Beispiel den Fernsehapparat ausschalten und Ihrem Kind helfen, gute Literatur auszuwählen.

Feingefühl ist auch für den Lehrer eine überaus wichtige Eigenschaft. Dr. Clyde Narramore, Autor und Psychologe, beschreibt, wie er in einer Klasse war, wo eine Lehrerin die Begriffe »klein« und »groß« erklären wollte. Sie zeigte auf den winzigsten Zwerg der Klasse, einen schüchternen Jungen, der selten einen Laut von sich gab, und befahl ihm, zu ihr nach vorn zu kommen. »Klein!« sagte sie. »David ist klein.« Dann ließ sie ihn gehen und rief das größte Mädchen der Klasse nach vorn. »Groß! Groß! Anita ist sehr groß!« sagte die Lehrerin. Jedes Kind im Klassenraum, so Dr. Narramore, konnte sehen, wie David und Antia rot wurden, rot vor Demütigung. Aber die Lehrerin bemerkte es nicht. Wir können die Selbstachtung der nachfolgenden Generation nicht bewahren, wenn wir nicht alles daransetzen, diese jungen Menschen zu verstehen.

Das Schlüsselwort lautet Feingefühl. Es bedeutet, daß wir uns auf die Gedanken und Gefühle unserer Kinder einstellen, daß wir auf die Stichworte hören, die sie uns zuraunen.

2. *Müdigkeit und Zeitdruck.* Warum muß man immer wieder an das Feingefühl der Eltern ihren Kindern gegenüber appellieren? Ist das denn nicht eine Selbstverständlichkeit? Das sollte es sein, aber Mama und Papa haben leider auch ihre eigenen Probleme. Durch Zeitdruck werden sie an die Grenzen ihrer Ausdauer getrieben. Papa ist froh, wenn er »geschafft« von seinem Arbeitstag nach Hause kommt. Mama bleibt auch keine freie Minute. Morgen abend zum Beispiel kommen acht Gäste zum Essen. Es bleibt also nicht mehr viel Zeit, um das Haus sauber zu machen, um einzukaufen, Blumen zu besorgen, die das Wohnzimmer schmücken sollen. Außerdem will sie ja noch das Kleid umnähen, das sie morgen anziehen möchte. Mama hat Kopfschmerzen. Zum Abendessen schmiert sie schnell ein paar Brote für die Kinder. Sie hofft, daß die kleine Truppe dann erst einmal beschäftigt ist und ihr nicht mehr dauernd in die Quere kommt. Aber kurz darauf hat der kleine Hans sie aufgespürt: »Guck mal, was ich eben gezeichnet habe, Mama.« Flüchtig blickt sie auf das Bild und sagt: »Schön.« Aber während sie das sagt, denkt sie an etwas anderes.

Zehn Minuten später kommt Hans wieder. Diesmal will er etwas Saft haben. Sie kommt seiner Bitte nach, aber sie ärgert sich über den lästigen Knirps. Sie hat ohnehin nur wenig Zeit, und ihre Nervosität und Spannung nimmt zu. Fünf Minuten später steht der Kleine schon wieder vor ihr. Jetzt will er, daß sie ihm ein Spielzeug oben vom Regal holt. Einen Augenblick steht sie da und sieht auf ihn hinunter. Dann eilt sie durch den Flur, um seiner Bitte nachzukommen, und murmelt dabei ärgerlich vor sich hin. Als sie aber an der offenen Tür seines Zimmers vorbeikommt, sieht sie, daß sein anderes Spielzeug auf dem ganzen Boden verstreut herumliegt. Und nun ist es soweit: Mama verliert die Beherrschung. Sie schreit den Jungen an, bis der sich verschüchtert in eine Ecke verkriecht.

Kommt Ihnen das alles nicht irgendwie bekannt vor? Natürlich, denn diese routinemäßige Hetze ist für uns schon zur Selbstverständlichkeit geworden. Vor kurzem führte ich ein Forschungsprojekt mit fünfundsiebzig Mittelstandsehefrauen zwischen fünfundzwanzig und fünfunddreißig durch. Ich bat sie, sich die Ursachen der Depressionen klarzumachen, die sie am häufigsten in Verzweiflung und Schwermut treiben. Viele dieser Frauen hatten die gleichen Probleme: Konflikte mit Verwandten, finanzielle Engpässe, Probleme mit den Kindern, sexuelle Schwierigkeiten, Stimmungsschwankungen, verbunden mit menstruationsbedingten Schmerzen. Zu meiner Überraschung aber wurden *Müdigkeit und Zeitdruck* von der Hälfte der Gruppe als häufigste Ursache für Depressionen bezeichnet; die andere Hälfte klassifizierte sie als zweithäufigste Ursache. Es ist kein Geheimnis, daß viele Familien alles immer auf den »letzten Drücker« machen. Warum ist das so? Die Frauen, mit denen ich mich unterhielt, gestanden mir, daß sie das Tempo ihres Lebens erdrückend fanden. Aber es ist für sie zu einem Ungeheuer geworden, das sie nicht mehr zügeln können. Immer schneller hasten sie durch die Tage, immer mehr stopfen sie in ihre Arbeitsstunden hinein. Sogar die Freizeit wird geprägt durch dieses halsbrecherische Tempo. Es gab einmal eine Zeit, in der sich ein Mann nicht aufregte, als er die Postkutsche verpaßt hatte; im nächsten Monat würde er sie schon erwischen. Wenn heute ein Zug vor unserer Nase davonfährt, geraten wir in Panik.

Und nun raten Sie, wer in dieser atemberaubenden Hetze der ewige Verlierer ist. Es ist der kleine Kerl, der sich gelangweilt in der Wohnung herumdrückt, die Hände in seinen kleinen Taschen. Den ganzen Tag über vermißt er seinen Papa. Wenn der dann abends nach Hause kommt, läuft ihm der Kleine hinterher: »Wann spielst Du mit mir, Papa?«. Aber Papa ist ausgepumpt. Oft hat er noch einen Berg voller Akten mitgebracht, die aufgearbeitet werden müssen. Mama hatte versprochen, mit dem Kleinen heute nachmittag in den Park zu gehen. Aber dann wurde doch nichts daraus. Für den Jungen ist das nichts Neues mehr. Seine Leute sind eben wieder so beschäftigt, daß sie für ihn keine Zeit haben. Also wandert er ins Wohnzimmer und sieht sich stundenlang irgendein stumpfsinniges Fernsehprogramm an.

Kinder passen in die lange Liste unserer täglichen Verpflichtungen nicht so recht hinein. Man muß sich sehr viel Zeit nehmen, wenn man ein guter Vater oder eine gute Mutter sein will, vor allem, wenn die Kinder noch klein sind. Man braucht Zeit, um ihnen gute Bücher vorzustellen; man braucht Zeit, um mit ihnen Drachen zu basteln oder Ball zu spielen. Man braucht auch viel Zeit, um sich noch einmal genau anzuhören, wie das mit dem aufgeschürften Knie passiert ist, um sich ganz genau erzählen zu lassen, wie das mit dem kleinen Vogel war, der aus seinem Nest gefallen war. Hier haben wir die Bausteine der Selbstachtung, die vom Mörtel der Liebe zusammengehalten werden. Aber leider nehmen wir uns nicht genügend Zeit für unsere Kinder. Unser Terminkalender ist übervoll. Wir sind dauernd gehetzt und müde. Müdigkeit aber verursacht Reizbarkeit, Reizbarkeit führt zur Gleichgültigkeit, diese aber zeigt dem Kind, daß es seine Eltern ihm gegenüber an echter Zuneigung und Achtung fehlen lassen.

Was soll diese ganze Hetze eigentlich? Wir wissen doch ganz genau, wie schnell die Zeit vergeht. Schon bald werden unsere Kinder aus dem Haus sein. Uns bleibt dann nur noch die verschwommene Erinnerung an die Jahre, in denen sie uns so dringend gebraucht hätten. Ich meine nicht, daß wir unser ganzes Leben als Erwachsene der nachfolgenden Generation widmen sollen. Aber wir müssen in unserem Zeitplan einen festen Platz für unsere Kinder aufbewahren. Allerdings stehe ich mit der Forderung ziemlich allein. Die Tendenz geht heute in die entgegengesetzte Richtung. Mama soll arbeiten gehen, sie soll Karriere machen, kreativ sein. Vor allem aber soll sie ihre Babys denjenigen überlassen, die extra zu diesem Zweck auf irgendeiner Fachschule ausgebildet wurden. Der Mutter bleibt dann nur noch die Hoffnung, daß diese hauptamtlichen Kinderbetreuer ihrem Dickerchen beibringen, was Achtung und Würde ist.

3. *Schuldgefühle.* Die meisten Eltern, auch diejenigen, die ihre Rolle wirklich ernst nehmen, werden von Schuldgefühlen geplagt.

Dahinter steht die Angst, wir könnten den Bedürfnissen unserer Kinder letztlich doch nicht gerecht werden. Viele von uns fühlen sich schuldig, weil sie die drückende Last der Verantwortung einfach nicht zu tragen vermögen. (Daß sich unsere erwachsenen Kinder angesichts ihres Versagens schließlich genauso schuldig fühlen, ist wohl kaum ein Trost.) Niemand kann den Aufgaben der Elternschaft wirklich voll gerecht werden. Die Folge ist, daß wir uns selbst ständig einem Kreuzverhör unterziehen. War ich dem Kind gegenüber ungerecht? Habe ich mich vor Zorn und Enttäuschung gehen lassen? Vernachlässige ich das Kind? Habe ich diesen Unfall verschuldet? Begehe ich nicht die gleichen Fehler, die ich meinen Eltern so übel genommen habe? Wir drehen uns mit diesen Zweifeln und Selbstbeschuldigungen immer im Kreis.

Ich habe sogar beobachtet, daß sich Eltern Vorwürfe wegen eines Umstands machten, der außerhalb ihres Einflußbereiches lag. So gaben sie sich die Schuld für die Geburt eines geistig behinderten Kindes. Obwohl diese Behinderung genetisch bedingt war und auch erst nach Jahren zutage trat, sehen die Eltern ihr »unnormales« Kind als Strafe für irgendein Vergehen, das sie selbst sich in der Vergangenheit einmal haben zuschulden kommen lassen. Sie übernehmen die persönliche Verantwortung für das Schicksal ihres Kindes. Derart unbegründete Schuldgefühle können aber einen Keil zwischen glücklich verheiratete Menschen treiben, sie können ihr Verhältnis zueinander zerstören und Bitterkeit hervorrufen.

Schuldgefühle können die gesunde Eltern-Kind-Beziehung auf vielfältige Weise stören. Erstens können sie den Eltern jegliche Freude an ihrer Aufgabe nehmen und die ganze Verantwortung in eine lästige Pflicht verwandeln. Zweitens wird das Kind durch diese Schuldgefühle seiner Eltern geprägt. Typisch ist zum Beispiel, daß diese von Schuldgefühlen geplagten Eltern ihrem Junior alles kaufen, was er haben will, ob er es nun braucht oder nicht. Auch in Fragen der Disziplin wird dann nachlässiger gehandelt. Die Schlußfolgerung, die solchem Verhalten zugrunde liegt, lautet: »Ich habe so vieles falsch gemacht, daß ich nun wenigstens dem Kind Strafe und Unannehmlichkeiten ersparen muß.« Ich werde später noch zeigen, daß diese Einstellung verhängnisvoll für die Selbstachtung eines Kindes ist. Drittens schließlich spürt ein Kind sehr genau, wenn seine Eltern sich ihm gegenüber schuldig fühlen. Es weiß, daß da irgend etwas ist, und es fragt sich, was das wohl zu bedeuten habe. Möglicherweise wird das Kind auf den Gedanken kommen, alles sei seine Schuld.

Kurzum: Schuldgefühle können beim Aufbau der Selbstachtung unserer Kinder ein gewaltiges Hindernis sein.

Am besten wird man mit diesen Gefühlen fertig, wenn man sie direkt angeht und sie dann als Motivation für eine Änderung benutzt. Dr. William Glasser sagt, – und ich stimme mit ihm überein, – daß Schuld ein wertvolles Gefühl sei, denn sie gebe uns Energie für Verbesserung und Wachstum. Ich schlage deshalb vor, daß sich Eltern, die von Schuldgefühlen geplagt werden, mit anderen zusammensetzen und ihre persönliche Unzufriedenheit miteinander besprechen. Was Sie am meisten beunruhigt, sollten Sie sogar aufschreiben. Zu jedem Punkt sollten Sie sich dann folgende Fragen stellen: Ist meine Schuld begründet? Kann ich etwas dagegen tun? Wenn ja, was? Wenn nicht, ist es nicht besser, ich versuche, die Angelegenheit zu vergessen?

Wir müssen uns darüber klar sein, daß niemand von uns ein vollkommener Vater oder eine vollkommene Mutter sein wird. Ebensowenig werden wir jemals vollkommene Menschen sein. Es läßt sich nicht vermeiden, daß wir zuweilen müde und abgespannt, enttäuscht und gereizt sind, und das wirkt sich dann auf die Behandlung unserer Kleinen aus. Zum Glück aber dürfen wir ruhig einige Fehler begehen – solange nur die Grundeinstellung stimmt.

4. *Der Kampf um die Liebe.* Als mein Sohn geboren wurde, war seine Schwester fünf Jahre alt. Bisher hatte sie die ungeteilte Aufmerksamkeit der Erwachsenen unserer Familie genießen können. Aber dann drängte sich plötzlich ein niedliches kleines Baby in ihr Königreich. Und dieser kleine Kerl wurde nun zum Mittelpunkt. Alle Erwachsenen hätschelten den Kleinen, während Danae mißtrauisch zusah. Als wir an einem Sonntagnachmittag, ungefähr eine Woche nach Ryans Geburt, von der Großmutter nach Hause fuhren, sagte meine Tochter plötzlich: »Papa, Du weißt, daß ich nur so rede, ich will nicht böse sein oder so was, aber manchmal möchte ich, daß Ryan nicht da ist.«

Wir merkten sofort, daß wir diese Gelegenheit ergreifen mußten. Meine Frau nahm Danae zu sich auf den Schoß, und in aller

Ruhe besprachen wir die Angelegenheit miteinander. Wir erklärten ihr, daß wir sie sehr gut verstünden und daß wir sie sehr lieb hätten. Wir erklärten ihr auch, daß ein Baby völlig hilflos sei, daß es sterben müßte, wenn wir uns nicht um dieses Kleine kümmerten – Füttern, Anziehen, die Windeln wechseln. Wir machten Danae klar, daß dieses Baby unsere Liebe brauchte. Wir erzählten ihr von der Zeit, wo sie selbst auch ein Baby gewesen war, wo wir uns genauso um sie gekümmert hatten wie jetzt um Ryan. Wir sprachen darüber, daß Ryan ja auch bald größer werden würde. In den daraufffolgenden Monaten waren wir sehr vorsichtig Danae gegenüber. Wir taten alles, um ihr zu beweisen, daß die Geburt des kleinen Brüderchens nichts von unserer Liebe ihr gegenüber genommen hatte. Indem wir so ihren Gefühlen sorgfältige Aufmerksamkeit schenkten, entwickelte sich ihr Verhältnis zu ihrem Bruder in einer Atmosphäre dauerhafter Freundschaft und Liebe.

Das Geständnis, das Danae uns gegenüber ablegte, ist allerdings keine typische Reaktion bei Kindern. In der Regel ist ein Kind nicht in der Lage, auszudrücken, daß es sich vernachlässigt vorkommt, daß es den neugeborenen Rivalen nicht mag. Dann müssen die Eltern sehr genau zuhören, um die kleinen Zeichen und Winke zu verstehen. Die typische Reaktion eines Kindes, das sich plötzlich neben einem kleinen Baby sieht, ist eine Rückkehr zu kindlichen Verhaltensweisen. Dahinter steht folgendes Gefühl: »Wenn man ein Baby sein muß, um geliebt zu werden, dann muß ich mich eben wieder wie ein Baby benehmen.« Und dann weint das Kind plötzlich wieder häufiger, näßt das Bett, lutscht am Daumen, klammert sich fest an seine Mama, verfällt wieder in die Babysprache. Das Kind hat eine Gefahr klar erkannt und löst diese schwierige Aufgabe nun, so gut es kann.

Wenn Sie derartige Probleme mit einem älteren Kind haben, so versuchen Sie einmal folgenden Weg:

1. Helfen Sie dem Kind, seine Gefühle offen auszusprechen. Wenn sich ein Kind vor Erwachsenen dumm benimmt und versucht, sie zum Lachen zu bringen oder ihre Aufmerksamkeit auf sich zu lenken, so nehmen Sie es in den Arm und sagen Sie zu ihm: »Was ist denn los, Sepp? Brauchst Du heute ein wenig Aufmerksamkeit?« Allmählich lernt das Kind dann, ähnliche Worte zu gebrauchen, wenn es

sich vernachlässigt fühlt. »Ich brauche ein bißchen Aufmerksamkeit, Papa. Spiel doch mit mir.« Indem Sie seine Gefühle formulieren, helfen Sie ihm auch, sich selbst besser zu verstehen.

2. Lassen Sie nicht zu, daß sich ungezogenes Benehmen auszahlt. Wenn der Babysitter kommt und das Kind weint – gehen Sie trotzdem weg. Ein Wutanfall kann zuweilen mit einem festen Klaps kuriert werden. Aber zeigen Sie möglichst wenig Zorn und Ärger. Erinnern Sie sich stets daran, daß dieses Benehmen Ihres Kindes hervorgerufen wurde durch das Gefühl, daß Sie es nicht mehr so lieben wie früher.

3. Erfüllen Sie seine Bedürfnisse in einer Weise, die ihm zu verstehen gibt, daß es als das ältere Kind respektiert wird. Gehen Sie mit ihm in den Park, und machen sie ihm klar, daß das Baby dazu noch zu klein ist. Loben Sie es, weil es etwas kann, was das Baby noch nicht kann. Erlauben Sie dem älteren Kind, sich um das Baby zu kümmern.

Eigentlich ist es gar nicht so schwierig, mehreren Kindern gleichzeitig Liebe zu geben. Wir müssen nur nachdenken und den Kindern unser Herz öffnen.

Zusammenfassung: In dieser ersten Strategie ging es um die Überprüfung des Gefühlslebens in Ihrer Familie. Tragen Ihre Gefühle zum Selbstvertrauen oder zur Selbsterniedrigung Ihrer Kinder bei? Werden die grundlegenden emotionalen Bedürfnisse der Kinder befriedigt, oder fühlen sie sich unzufrieden und vernachlässigt? Bleiben Ihre Achtung und Ihre Bewunderung dem intelligenten und schönen Kind vorbehalten, oder ist jeder Mensch auf dieser Erde für Sie von gleichem Wert? Davon, wie Sie diese Fragen beantworten, hängt es ab, wie Ihr Kind später an seine Kindheit zurückdenkt: mit Zorn oder mit einem Gefühl der Dankbarkeit.

FRAGEN UND ANTWORTEN

1. *Ist es schädlich, wenn man sich in der Familie aus Spaß hänselt und übereinander lacht?*

Die gesündesten Familien sind diejenigen, in denen man zusammen herzhaft lachen kann. So zerbrechlich ist unser Ego nun auch wieder nicht, daß wir auf Schritt und Tritt übergroße Vorsicht walten lassen müßten. Aber zuweilen kann sogar harmloser Humor schmerzhaft sein, wenn die Witze auf Kosten eines Kindes gemacht werden. Vor allem, wenn ein Kind peinliche Angewohnheiten hat – Bettnässen, Daumenlutschen, Stottern oder einen auffallenden physischen Fehler –, müssen die anderen Familienmitglieder sehr vorsichtig sein, um dieses Kind nicht wegen seiner Fehler lächerlich zu machen. Insbesondere muß man sich davor hüten, ein Kind wegen seiner Statur auszulachen, sei sie nun besonders klein oder auffallend groß. Das ist nicht zum Lachen! Wir können hier folgenden »Leitsatz« aufstellen: Ein Kind darf innerhalb seiner Familie unter keinen Umständen wegen eines Merkmals gehänselt werden, dessentwegen es sich auch außerhalb der Familie immer wieder verteidigen muß. Wenn wir merken, daß ein Kind über einen Witz, der auf seine Kosten gemacht wird, nicht lachen kann, so dürfen wir diesen Scherz nie wieder anbringen.

2. *Wie oft sollte man sein Kind loben? Besteht hier nicht die Gefahr, daß man seinen Sprößling durch allzuhäufiges Lob zu sehr verwöhnt und überheblich werden läßt?*

Eine wahre Inflation von lobenden Worten ist sicher schädlich. Das Kind kapiert sehr schnell, daß Ihr Lob eigentlich nur so dahingesagt ist. Ihre Worte verlieren dann sehr schnell an Bedeutung. Hier erweist sich als hilfreich, wenn man genau zwischen den Begriffen »Schmeichelei« und »Lob« unterscheidet. Schmeichelei ist unverdient. Oma schmeichelt dem Kleinen, wenn sie zu Besuch kommt: »Nun sieh dir mal mein schönes kleines Mädchen an! Du wirst jeden Tag hübscher. Wenn Du 15 oder 16 bist, werden Dir die Jungs scharenweise nachlaufen.« Schmeichelei ist eine Anhäufung von Komplimenten, die das Kind nicht verdient hat.

Lob hingegen dient dazu, positive Verhaltensweisen des Kindes zu bestätigen. Das bedeutet aber auch, daß Lob stets sehr konkret sein muß. »Du warst heute sehr artig« ist für ein ehrliches Lob nicht genug. »Ich freue mich, daß Du Dein Zimmer aufgeräumt hast« – das ist ein wirkliches Lob. Eltern sollten jede Gelegenheit nutzen, um ihren Kindern verdientes Lob zu spenden. Leere Schmeicheleien aber sollten wir vermeiden.

3. *Wir leben in unserer Familie unter ständigem Zeitdruck. Ich habe drei Kinder unter sechs Jahren, und ich schaffe mein Pensum nie. Wie soll ich mein tägliches Tempo drosseln, wenn die Versorgung meiner Kinder jede Minute des Tages (und zuweilen auch der Nacht) in Anspruch nimmt?*

Überprüfen Sie doch einmal, wie Sie Ihr Geld ausgeben. Die meisten Leute führen eine »Prioritätenliste«. Wenn genug Geld gespart ist, wird die nächstwichtige Sache angeschafft. Sie planen, das Sofa neu polstern zu lassen, einen neuen Teppich für das Wohnzimmer zu kaufen, sich ein neues Auto zuzulegen. Ich finde, auf dieser Prioritätenliste müßte unbedingt auch Platz für eine Haushaltshilfe für die Mutter mit kleinen Kindern sein. Ohne eine solche Hilfe ist die Mama tagtäglich, sieben Tage in der Woche, zu derselben schweren Verantwortung verurteilt. Jahrelang muß sie sich mit schmutzigen Windeln plagen, muß sie laufende Nasen putzen und alle paar Stunden abwaschen. Meiner Ansicht nach wird sie diese vielen Aufgaben sehr viel effektiver erledigen können, wenn sie die Last ab und zu mit einem anderen teilen kann. Um es ganz deutlich zu sagen: Ich bin der Auffassung, daß die Mutter an einem Tag in der Woche von aller Last der Verantwortung für die Familie ganz freigestellt sein soll. Sie soll an diesem Tag etwas tun dürfen, was ihr ganz persönlich Freude bereitet. Ich finde, das ist für das Glück einer Familie wesentlich wichtiger als die Anschaffung neuer Vorhänge oder einer elektrischen Säge für den Vater.

Die Frage bleibt aber, wie sich Normalverdiener heutzutage eine Haushaltshilfe finanziell leisten können. Versuchen Sie es doch einmal mit älteren Schülerinnen. Wenn das Mädchen kommt, sehen Sie es sich einen Tag lang an. Wenn Sie dann der Ansicht sind, daß die junge Dame reif genug ist, um die Verantwortung für Ihre Kinder mit Ihnen zu teilen, bieten Sie ihr für bestimmte Tage in der Woche die Arbeit als Haushaltshilfe an. Es gibt viele verantwortungsbewußte Oberschülerinnen, die sich gern ein wenig Geld verdienen würden.

Noch ein Tip: Wenn Ihr Mann sich auf seine elektrische Säge freut, so lassen Sie ihm die Freude. Streichen Sie lieber Ihre Vorhänge von der Prioritätenliste.

4. *Ich bin sehr beunruhigt über die Entwicklung meines Vierjährigen. Wenn sich die jetzt schon sichtbare Tendenz fortsetzt, wird er als Erwachsener mit Sicherheit ein Versager. Ist es möglich, daß man schon in so frühem Alter den Charakter und die künftigen Persönlichkeitsmerkmale eines Menschen erkennen kann?*

René Voeltzel sagte: »Wir dürfen nicht zu früh im Kind den Menschen suchen, zu dem es später werden wird.« Wir werden dem Kleinkind nicht gerecht, wenn wir schon allzu früh ein Urteil über seinen Charakter fällen. Seien Sie geduldig. Geben Sie Ihrem kleinen Jungen Zeit, sich zu entwickeln. Wirken Sie vorsichtig den Merkmalen entgegen, die Ihnen Sorge bereiten. Auf jeden Fall aber müssen Sie ihm das Vorrecht einräumen, Kind zu sein. Die Kindheit ist ohnehin kurz genug.

Strategie Nr. 2

PASSEN SIE AUF, DASS IHRE KLEINEN KINDER NICHT SCHON MIT DEN PROBLEMEN DER ADOLESZENZ KONFRONTIERT WERDEN

In den letzten Jahren war das Kinderspielzeug einer erheblichen Wandlung unterworfen. Unsere Drei- und Vierjährigen spielen nicht mehr nur mit Stofftieren, Bällen, Autos, Schaukelpferden und sonstigem Kinderspielzeug herkömmlicher Art. Sie werden stattdessen schon früh mit den Wertvorstellungen der Adoleszenz konfrontiert. Am verhängnisvollsten sind meiner Ansicht nach jene Puppen, die so gar nichts Kindliches an sich haben. Sie zeigen vielmehr formvollendete Weiblichkeit im Miniaturformat, reichlich ausgestattet mit überdeutlichem Sex-Appeal. Ihre künstlichen Haare sind dicht gewellt und glänzend. Ihre langen Beine, die üppigen Brüste und die zierlichen Füße zeigen nicht den kleinsten Makel. Sie bekommen nie Pickel oder Mitesser, und man entdeckt kein Gramm Fett an ihrem rosigen Körper. Diese Ideal-Modelle laden eine emotionale Zeitbombe, die explodiert, sobald sich eine Dreizehnjährige zum ersten Mal lange und gründlich im Spiegel betrachtet. Kein Zweifel: Mit diesen »schönen« Puppen hat sie kaum etwas gemeinsam.

Und doch ist es nicht diese physische Vollkommenheit jener Puppen, die mir am meisten Sorge bereitet. Viel schlimmer ist, daß sie bei den Kindern ganz bestimmte Vorstellungen und Sehnsüchte wecken. Die ganze Kultur der Adoleszenten mit ihrer Betonung auf das Sexuelle wird hier kleinen Mädchen veranschaulicht, die doch an kindlichere Dinge denken sollten. Die Folge ist eine Verschiebung im Entwicklungs-Zeitplan unserer Kinder. Der Höhepunkt des sexuellen Interesses wird so einige Jahre zu früh erreicht – mit allen Begleiterscheinungen, die an die psychische Substanz des jungen Menschen gehen.

Nicht nur das neue Spielzeug konfrontiert unsere kleinen Kinder schon mit den Problemen der Adoleszenz. Auch das Fernsehen zum Beispiel ist mit diesen Problemen überladen. Scheinbar harmlose Programme konzentrieren sich auf adoleszente Erfahrungen. Wenn ein Kind sechs Jahre alt wird, hat es bereits Tausende von Stunden vor der Flimmerkiste zugebracht und die Wertvorstellungen, die Mode, die Verhaltensweisen und die aufregenden Entdeckungen Jugendlicher miterlebt. Ganz gezielt werden jugendliche Stars »gemacht« – und verkauft. Die Jungen und Mädchen reagieren prompt, indem sie ihrem Star die Fanpost säckeweise ins Haus bringen lassen. Bei alledem nimmt es nicht wunder, daß Verabredungen zwischen den Geschlechtern immer früher erfolgen, daß das sexuelle Bewußtsein immer früher erwacht.

Ich meine, wir sollten unseren Kindern die Erfahrungen der

Adoleszenz solange ersparen, bis sie durch die Hormone zwangsläufig hervorgerufen werden. Ich gebe Ihnen deshalb den dringenden Rat: Überprüfen Sie, welchen Einflüssen Ihr Kind ausgesetzt ist. Passen Sie auf, daß Ihre kleinen Kinder nicht schon mit den Problemen der Adoleszenz konfrontiert werden. Wo immer Sie merken, daß man Ihrem Kind vorgaukeln will, es müsse schön und reich sein, werden Sie mißtrauisch! Wir können unsere kleinen Kinder von den Einflüssen der Welt nicht isolieren. Aber wir können aufpassen, daß sie sich nicht schon früh in Sex-Püppchen verwandeln.

FRAGEN UND ANTWORTEN

1. *Sollte man Kindern im Alter zwischen fünf und zehn Jahren erlauben, Rockmusik zu hören?*

Wenn es geht, vermeiden Sie es. Die Rockmusik ist ja nichts anderes als Ausdruck der adoleszenten Kultur. Die Texte dieser Lieder befassen sich mit Verabredungen, gebrochenen Herzen, mit Drogenmißbrauch und, vor allem, mit Liebe, Liebe und nochmals Liebe. Und gerade das sollte Ihren Siebenjährigen eben noch nicht beschäftigen. Seine Spannung und Erregung sollte sich auf Abenteuerbücher, auf Zelten, Sport und Kinderspiele konzentrieren.

Andererseits wäre es aber unklug, Ihr Kind herrisch und tyrannisch zu behandeln, wenn es Schlager hört. Ich schlage Ihnen vor, das Kind so mit wirklich kindlichen Aktivitäten »einzudekken«, daß es an die kommenden Tage der Adoleszenz noch gar nicht denkt.

2. *Wie ist das eigentlich mit dem Fernsehen? Sollten Eltern genau festlegen, was ihre Kinder sehen dürfen?*

Die Einflüsse des Fernsehens, besonders auf die jüngere Generation, bereiten mir ernsthafte Sorgen. Dr. Gerald Looney von der Universität Arizona hat eine Statistik aufgestellt. Sie besagt, daß ein Kind vor seinem vierzehnten Geburtstag im Fernsehen etwa 18000 Morde und ungezählte ähnliche Gewalttätigkeiten gesehen hat, ganz abgesehen von all dem anderen zeitraubenden Unsinn. Dr. Saul Kapel behauptet, daß die Tätigkeiten, die im Leben eines Kindes die meiste Zeit in Anspruch nehmen, nicht etwa die Schule oder das Miteinander in der Familie sind. Das Fernsehen verschluckt während der Kindheit 14000 wertvolle Stunden! Das ist umgerechnet so, als würde man 4,9 Jahre lang täglich acht Stunden vor der Mattscheibe verbringen.

Es gibt noch andere Aspekte des Fernsehens, die Regulierung und Kontrolle erfordern. Erstens erweist sich das Fernsehen als Feind der Kommunikation innerhalb der Familie. Wie können wir miteinander sprechen, wenn ein monumentaler Farbfilm unsere ganze Aufmerksamkeit in Anspruch nimmt?! Sorgen bereitet mir auch der gegenwärtige Trend, daß jeder Programmdirektor sich anscheinend genötigt fühlt, alle möglichen avantgardistischen Produktionen zu senden. Man geht immer noch ein bißchen weiter, läßt die Schauspieler fluchen, spricht das Unaussprechbare aus. Guter Geschmack und Anstand gehen dabei vor die Hunde. Die Grundlagen der Familie und alles andere, was die christliche Ethik ausmacht, werden systematisch zerpflückt. Vor einiger Zeit liefen in Amerika beispielsweise lustige Episoden über Abtreibung, Ehescheidung, außereheliche Verhältnisse, Vergewaltigungen und das immer wieder gern gesehene Thema »Vater ist ein Idiot«. Wenn diese Filme »sozial relevant« sein sollen, so kann ich getrost darauf verzichten!

Die US-Fernsehschauspielerin Sally Field wurde am 9. September 1973 von der Zeitung »Kansas City Star« interviewt. Hier ein kurzer Auszug aus diesem Interview:

»Man ließ mich eine 23jährige Jungfrau spielen. Aber ich konnte diesen Betrug einfach nicht mitmachen. Das gibt es heute einfach nicht mehr . . .« Fräulein Fields Einwände wurden vom Produzenten aufgenommen. Der Film wurde entsprechend geändert: »Sie werden mich und John zum Beispiel bei unserer ersten Verabredung sehen«, so Sally Field. »Er bringt mich zu meiner Wohnung, und bevor er fragen kann, sage ich ihm schon, daß ich ganz genau weiß, woran er denkt, aber er könne nicht mit nach oben kommen, weil meine Stubenkameradin zu Hause sei. Mit anderen Worten: Ich will den Zuschauern klarmachen, daß man seine Gefühle offen aussprechen muß. Das Mädchen gibt ihrem Freund nicht etwa einen Korb, weil sie prüde ist. Sie möchte im Grunde genommen genauso gern wie er. Er gefällt ihr. Aber sie müssen eben noch eine Weile warten.«

Mich erfüllt diese Art von »Ehrlichkeit« mit Abscheu. Was wird uns denn in dieser »Liebes-Szene« präsentiert? Die moderne Sally und ihr liebeshungriger Freund hatten ihre *erste* Verabredung, und doch brauchte sie schon eine Ausrede (das Schlafzimmer ist besetzt), um den Geschlechtsverkehr »eine Weile« zu verschieben. Sie möchte doch nicht, daß John sie für prüde hält. Das wäre ja entsetzlich! Ich vermute, John wird nicht allzu lange warten müssen, um von Sallys »offen ausgesprochenen« Gefühlen profitieren zu können. Vielleicht werden sich fünf Millionen Adoleszente diesen Film ansehen. Und jeder von ihnen wird seine Wertvorstellungen mit denen der so modernen Sally Field vergleichen. Eines weiß ich bestimmt: Meine Familie wird sich diesen Film nicht ansehen!

Aber das Fernsehen hat auch zahlreiche wertvolle Programme anzubieten, die für Kinder äußerst lehrreich sind. »Sesamstraße« gehört zum Beispiel meiner Meinung nach zu den besten Sendungen, die für junge Menschen ausgestrahlt werden.

Ich will Sie deshalb keinesfalls dazu bringen, Ihr Fernsehgerät vor Empörung zu zerschlagen. Wir müssen vielmehr lernen, diesen Flimmerkasten zu beherrschen. Meistens aber sind wir seine Sklaven. Ich erlaube meinen Kindern, sich ganz bestimmte Zeichentrickfilme anzusehen. Außerdem dürfen sie sich nachmittags eine halbe Stunde etwas ansehen, was ich sorgfältig für sie ausgesucht habe. Diese Methode muß natürlich nicht nach einem starren System erfolgen. Bei besonders guten und interessanten Filmen erlaube ich ihnen, den Apparat einzuschalten. Durch diese Art gezielter Kontrolle können wir uns die Vorteile des Fernsehens nutzbar machen. Vor allem vermeiden wir dadurch, daß das Fernsehen unser Leben beherrscht.

Meiner Ansicht nach begeht die Mutter, die ihr kleines Kind einfach aus Bequemlichkeit stundenlang vor dem Fernseher sitzen läßt, einen großen Fehler, der oft schlimme Folgen nach sich zieht.

Strategie Nr. 3

BEWAHREN SIE IHR KIND VOR ÜBERMÄSSIGER SELBSTKRITIK

Eines der auffallendsten Merkmale eines Menschen, der sich minderwertig fühlt, ist die Tatsache, daß er allen Leuten dauernd von seinen Unzulänglichkeiten erzählt. Ein dicker Mensch fühlt sich gezwungen, sich bei seinen Kameraden zu entschuldigen, wenn er ein Eis mit Früchten verzehrt: »Ich bin ja eigentlich schon dick genug«, sagt er, während er die Kirschen in den Mund schaufelt. Frauen geben besonders gern zu, daß sie in Mathe »eine Niete« sind. »Ich kann kaum zwei und zwei zusammenzählen.« Diese Art von Selbstkritik ist nicht selten. Achten Sie doch einmal bei sich selbst darauf. Sie werden vielleicht überrascht sein, wie oft Sie gegenüber Ihren Freunden auf Ihren Fehlern herumreiten.

Es ist sicherlich nicht gut, andere Menschen glauben zu machen, man sei ein außergewöhnlich begabter, überdurchschnittlich intelligenter und höchst beliebter Typ. Aber das andere Extrem ist genauso schlecht. Es bringt Ihnen nichts ein, dem anderen dauernd von Ihren lächerlichen Unzulänglichkeiten zu erzählen. Das schadet Ihnen nur, denn der andere wird sie schließlich so beurteilen, wie Sie sich ihm gegenüber immer dargestellt haben. Schließlich müssen Sie es ja am besten wissen. Wenn man sich lange genug einredet, im Rechnen eine Null zu sein, dann wird sich das eines Tages auch bewahrheiten.

Passen Sie auf, daß Sie Ihre Kinder vor derartiger Selbstzerfleischung bewahren. Ihr Sohn oder Ihre Tochter sollten lernen, daß ständige Selbstkritik zu einer schlechten Gewohnheit werden kann, daß man nichts mit ihr erreicht. Das heißt nun nicht, daß man wirkliche Fehler nicht einsehen und sich bei anderer Gelegenheit dementsprechend verhalten sollte. Von Übel ist nur, wenn wir uns daran gewöhnen, über die eigene Minderwertigkeit wie übers Wetter zu plaudern. Wirkliche Schuld und bloße Schuldgefühle müssen sorgfältig auseinandergehalten werden.

Ganz hervorragendes Anschauungsmaterial liefern uns hier die »Peanuts«. Charlie Brown empfindet seine eigene Minderwertigkeit als so erdrückend, daß er sich vor seinen Freunden laut darüber Sorgen macht. Lucy und Violet aber lachen sich halb krank über Charlie Browns Problem.

Du weißt schon . . . So eine Art Prinzessin . . . Mit einem weißen Kleid und wunderschönen Schuhen . . .
Und ein herrlicher großer Ballsaal!
Mmm . . .
Aber eigentlich ist das ziemlich albern, Charlie Brown, findest du nicht?
Nein... nein... überhaupt nicht...
Ich meine . . . nun . . . wir haben doch alle unsere Träume und Wünsche oder wie immer man das nennen will . . .
Ich meine . . . ich habe auch schon lange so einen Traum, aber ich habe bisher noch niemandem davon erzählt.
Was für einen Traum denn, Charlie Brown? Erzähl . . .!
Ach nein . . . lieber nicht . . . So was sollte man lieber nicht erzählen.
Ach, komm schon! Ich verrate es auch niemandem! Komm schon!
Bitte!
Nun . . . ich habe mir schon immer gewünscht, man würde mich »Blitz« nennen. Ich hasse den Namen »Charlie«. Ich möchte athletisch sein und von allen »Blitz« genannt werden . . . Ich möchte gern so sportlich sein, daß mich die ganze Schule »Blitz« nennt und . . .
Violet! Komm mal schnell! Hör zu!
»Blitz«?
»Blitz«? Ha! Ha! Ha! Ha! Ha! »Blitz« Brown! Ha! Ha! Ha!
Hätte ich doch bloß nichts gesagt!
SCHULZ

Was muß Charles Schulz, der Schöpfer der »Peanuts«, für eine Erinnerung an seine Schulzeit haben! Der phänomenale Erfolg seiner Bildergeschichten gründet nicht zuletzt auf ungezählten Demütigungen in der Schule, auf peinliche Schnitzer, an die Erinnerung, wieder einmal versagt zu haben.

Wir lachen über diese Geschichte, weil Schulz den Nagel auf den Kopf getroffen hat. Bestimmt haben Sie auch schon einmal dagestanden, wie Charlie Brown, und haben das Gelächter der anderen gehört – und ich auch. Als ich in der dritten Klasse war, spielte ich einmal bei einem Baseball-Spiel mit. Ich erinnere mich noch sehr gut an diesen rabenschwarzen Tag. Willy Mays war gerade dran. Er schlug einen ganz einfachen Ball, und alles, was ich zu tun hatte, war, ihn zu fangen. Aber vor den vielen »Fans«, die am Spielfeldrand standen – vor allem Mädchen! –, versagte ich kläglich. Ich ließ den Ball durch die Finger gleiten. Eine Katastrophe! »Pfuiii!« schrie die Hälfte der entrüsteten Fans. »Jaaa!« brüllte die andere Hälfte schadenfroh. Ich wäre an jenem Nachmittag am liebsten gestorben. Aber es wäre ein sehr einsames Begräbnis gewesen: Ich war der einzige Trauergast. Seit jenem Tag habe ich nur noch ganz selten Baseball gespielt. Basketball, Tennis, Leichtathletik und verschiedene andere Sportarten haben mir sehr viel Spaß gemacht. Aber der Baseball und ich waren von jenem Tag an geschiedene Leute.

Charlie Brown sollte sein angebliches »Versagen« für sich behalten. Wenn er doch bloß seine Klappe hielte! Die anderen würden nichts merken, denn sie haben genug damit zu tun, an sich selbst zu denken.

FRAGEN UND ANTWORTEN

1. *Was mögen Kinder bei sich selbst am allerwenigsten?*

Für eine äußerst aufschlußreiche Studie von E.A. Douvan unter dem Titel »Mädchen in der Adoleszenz« wurden fast 2000 Mädchen zwischen elf und achtzehn Jahren gefragt: »Was würdest du am liebsten bei dir ändern: dein Aussehen, deine Persönlichkeit oder dein ganzes Leben?« Bei neunundfünfzig Prozent war es das

Aussehen, das die Mädchen ändern wollten. Die meisten Schwierigkeiten haben die jungen Menschen mit ihrem Gesicht. In der Hauptsache sind es Hautprobleme, die ihnen zu schaffen machen. Für eine andere Studie, erstellt von H. V. Cobb, wurden Jugendliche gebeten, folgenden Satz zu beenden: »Ich wünsche mir, ich wäre . . .« Die meisten Jungs antworteten »größer«, die Mädchen hingegen »kleiner«. Es gibt noch zahlreiche andere solcher wissenschaftlichen Studien. Alle liefern sie den Beweis dafür, daß sich unsere Kinder und Jugendlichen vor allem um ihr Äußeres Gedanken machen.

2. *Mein Kind wird von den anderen Kindern in unserer Gegend oft ausgelacht und gehänselt. Ich weiß nicht, was ich dagegen tun soll. Häufig kommt es weinend nach Hause und ist völlig deprimiert. Wie soll ich dann reagieren?*

Wenn Ihr Kind von seinen Altersgenossen verlacht und verstoßen wird, braucht es dringend einen Freund – und das sind Sie! Lassen Sie Ihren Kleinen vor allem erst einmal genau erzählen. Versuchen Sie nicht, ihn davon zu überzeugen, daß er sich bloß dumm anstellt. Fragen Sie ihn, ob er sich denken kann, warum seine Freunde ihn auslachen. (Immerhin könnte es ja sein, daß er die Reaktion seiner Kameraden durch Selbstsucht und Unehrlichkeit hervorgerufen hat.) Zeigen Sie Verständnis und Mitgefühl. Aber hüten Sie sich davor, seine Verzweiflung mit ihm zu teilen. Lenken Sie ihn ab. Versuchen Sie, ihn wieder zum Lachen zu bringen. Spielen Sie irgend etwas mit ihm. Mit der Zeit werden Sie schon herausbekommen, wo die Ursache für das Unglück Ihres Kindes liegt. Und wenn Sie die erst einmal kennen, können Sie auch mit der »Therapie« beginnen.

Machen Sie Ihrem Kind doch einmal den Vorschlag, einen seiner Schulkameraden einzuladen, wenn möglich gleich für ein ganzes Wochenende. Vielleicht erwächst daraus dann eine echte Freundschaft. Sogar die feindseligsten Kinder im Häuserblock werden zuweilen umgänglicher, wenn sie merken, daß Ihr Kind plötzlich einen Kameraden zu Gast hat.

Für Sie eröffnet sich durch solch eine Einladung nicht nur die

Möglichkeit, Ihrem Kind einen Freund zu schenken; Sie können auch die Fehler entdecken, die Ihr Sprößling im Umgang mit anderen begeht. Und wenn Sie erst einmal so weit sind, dann haben Sie die besten Aussichten, Ihrem Kind wirklich zu helfen.

3. *Meine zehnjährige Tochter kann es nicht ausstehen, wenn ich ihr Zöpfe flechte, weil ihre Freundinnen auch keine Zöpfe tragen. Ich habe Zöpfe immer gern gehabt, seit ich ein kleines Mädchen war. Darf ich sie zwingen, ihre Haare so zu tragen, um mir eine Freude zu machen?*

Nein! Besonders dann nicht, wenn sich Ihre Tochter vor ihren Freundinnen wegen ihrer Zöpfe dumm vorkommt. Der soziale Druck auf unsere Kinder ist ohnehin stark genug. Sie sollten Ihrer Tochter das Leben nicht noch zusätzlich schwer machen. Ein Kind wird seinen Eltern nur dann Vertrauen und Liebe entgegenbringen, wenn es merkt, daß Vater und Mutter seine Gefühle und Wünsche erkennen und akzeptieren. Die Tatsache, daß Sie auf den Zöpfen bestehen, beweist nur, daß es Ihnen zumindest in diesem Punkt an Verständnis für Ihre Tochter mangelt. Und das könnte später unter Umständen zu erheblichen Komplikationen führen.

Strategie Nr. 4

HELFEN SIE IHREM KIND, SEINE SCHWIERIGKEITEN ZU KOMPENSIEREN

Manche Kinder sind für seelische Schwierigkeiten während der Adoleszenz geradezu prädestiniert. Ihre besorgten Eltern können bereits während der Vorschuljahre beobachten, wie sich dunkle Gewitterwolken zusammenziehen. Vielleicht ist ein Kind besonders häßlich oder es leidet unter schweren Lernproblemen. Wo der Grund auch immer liegen mag: Jeder sieht, daß dieses Kind es einmal schwer im Leben haben wird. Was sollen seine Eltern nun tun? Wie können sie ihr Kind auf seine Konfrontation mit einer äußerst lieblosen Welt vorbereiten?

Wichtig ist zunächst, daß wir realistisch sind. Es gibt nun einmal kein simples »Heilmittel«, das dem Kind die Schwierigkeiten ersparen könnte, es sei denn, wir krempeln das gesamte Wertsystem unserer Gesellschaft um. Es gibt Autoren, die mit einer geradezu verblüffenden Naivität behaupten, daß ein immer wiederkehrender Beweis der elterlichen Liebe genüge, um dem Kind das nötige Selbstvertrauen beizubringen. Ich wollte, es wäre so! Aber die Selbstachtung eines Kindes resultiert aus zwei Grundfaktoren: 1) aus der Qualität seiner Familie; 2) aus den sozialen Erfahrungen außerhalb der Familie. Dem ersten dieser beiden Faktoren kann man viel leichter eine positive Richtung geben als dem zweiten. Es gibt keinen seelischen Schutzpanzer, der Ihr Kind gegen Ablehnung und Spott außerhalb der familiären Gemeinschaft unempfindlich machen könnte. Niemand kann dafür garantieren, daß Ihr Kind nicht doch verletzt wird, daß die anderen es nicht auslachen, daß man es nicht doch verächtlich behandelt. Allerdings hat das auch seine guten Seiten, denn Schwierigkeiten, die uns im Leben begegnen, können unsere Persönlichkeit durchaus positiv prägen, solange wir unter der Last dieser Schwierigkeiten nicht zusammenbrechen. Die Konfrontation mit gewissen Problemen kann für Ihr Kind also ausgesprochen nutzbringend sein. Auch wenn ich es könnte, würde ich meinen Kindern nicht alle Hürden aus dem Weg räumen. Sie haben das Recht, aus der Begegnung mit diesen Problemen zu lernen.

Ich weiß aus eigener Erfahrung, wie wichtig zuweilen kleine Spannungen sind. Meine Kindheit war bemerkenswert glücklich und sorgenfrei. Von meinen Eltern erfuhr ich echte Liebe, meine akademischen Leistungen ließen nie zu wünschen übrig. Auch später habe ich stets ein zufriedenes und glückliches Leben geführt. Ich erinnere mich aber auch an zwei Jahre, in denen nicht alles so reibungslos lief. Ich besuchte damals die siebte und die achte Klasse, war also dreizehn und vierzehn Jahre alt. Ich stand damals mitten im Schußfeld eines sozialen Kreuzfeuers. Die Folge waren jene intensiven Minderwertigkeitsgefühle, die ich in diesem Buch schon beschrieben habe. Aber, so seltsam das erscheinen mag, diese beiden Jahre haben mich in dem Reifungsprozeß meiner Persönlichkeit wesentlich weiter gebracht als all die anderen glücklichen Jahre. Mein Mitgefühl für andere, mein Wunsch, im Leben Erfolg zu haben, mein Verständnis für die Minderwertigkeitsgefühle unserer Teenager – all das sind im wesentlichen Produkte einer schwierigen Phase während meiner Adoleszenz. Wer hätte damals gedacht, daß etwas Nützliches aus jenen vierundzwanzig Monaten hervorgehen könnte? Und doch erwiesen sich meine Probleme in diesen beiden Jahren als außerordentlich fruchtbar.

Es mag für Sie im Augenblick schwer verständlich sein, aber Ihr Kind braucht auch kleinere Rückschläge und Enttäuschungen. Wie soll es denn lernen, Probleme und Enttäuschungen zu verwinden, wenn seine frühen Jahre so ganz ohne Komplikationen verlaufen? Wenn man in regenreichen Gebieten einen Baum pflanzt, so wird dieser Baum nie dazu gezwungen, seine Wurzeln auf der Suche nach Wasser tief in das Erdreich zu bohren. Folglich bekommt er nie richtigen Halt. Ein mittlerer Sturmwind genügt schon, um ihn zu fällen. In einer regenarmen Landschaft hingegen sieht sich eine Pflanze stets von einer feindseligen Umwelt bedroht. Ein Baum kann dort nur überleben, indem er auf der Suche nach kühlem Wasser seine Wurzeln tief in die Erde steckt, zuweilen mehr als zehn Meter. Und diese Anpassung an seine unwirtliche Umgebung erweist sich für unseren Baum als äußerst nützlich. Um ihn zu entwurzeln, müßte schon ein sehr heftiger Sturm kommen. Dieses Beispiel gilt auch für unsere Kinder: Diejenigen unter ihnen, die gelernt haben, ihre Probleme zu bewältigen, sind einfach standhafter als jene, die noch keinem wirklichen Problem begegnet sind. Wir haben als Eltern also nicht etwa die Aufgabe, unsere Kinder vor allen nur erdenklichen Schwierigkeiten zu bewahren. Unsere Aufgabe besteht vielmehr darin, ihnen Mittel und Wege zu zeigen, wie man mit den vielen Hindernissen im Leben besser fertig wird.

Einen der wichtigsten Wege in diesem Zusammenhang nennt man *Kompensation*. Dieser Begriff bedeutet, daß der einzelne seine Schwachheit ausgleicht, indem er sich seine Stärke zunutze macht. Unsere Aufgabe als Eltern besteht darin, unseren Kindern zu helfen, diese Stärke zu erkennen und zu lernen, sie nutzbringend einzusetzen. Das führt uns zu einer sehr wichtigen Einsicht: Minderwertigkeitskomplexe können einen Menschen erdrücken und lähmen, sie können uns aber auch mit gewaltiger seelischer Energie ausrüsten, die für uns von unschätzbarem Wert sein kann.

Woher nahm Ihrer Meinung nach der Schachweltmeister Bobby Fischer seine unerhörte Energie, die ihn befähigte, vierundzwanzig Stunden am Tag Schach zu spielen, nur noch an Schach zu denken, sogar davon zu träumen? Neulich wurde ihm diese Frage im US-Fernsehen gestellt. Bobby Fischer antwortete: »Es lag daran, daß manche Leute in meiner Kindheit dachten, ich sei nicht so gut wie sie . . .«

Woher nahm wohl der große Schriftsteller Thomas Wolfe die Energie und das Durchhaltevermögen, um monatelang achtzehn bis zwanzig Stunden am Tag an der Schreibmaschine zu sitzen? Was treibt einen Langstreckenläufer dazu, jeden Morgen vor Sonnenaufgang achtundvierzig Kilometer ganz allein durch den Wald zu traben? Wo liegt die Ursache dafür, daß ein Student sich monatelang auf sein Examen vorbereitet, daß er jeden Tag acht bis zehn Stunden über seinen Büchern sitzt und den schwierigsten Stoff in sich hineinpaukt, bis an die Grenzen seiner Ausdauer? Die Kraft, die hinter alledem steht, entspringt fast ausnahmslos dem Bedürfnis nach Selbstachtung, dem Bedürfnis, die eigene Zulänglichkeit zu beweisen, dem Bedürfnis nach *Kompensation!*

Wird Ihr Kind unter der Last seiner Minderwertigkeitsgefühle zusammenbrechen, oder wird es sie gebrauchen, um sich und anderen seine Fähigkeit zu beweisen? Die Antwort hängt davon ab, wie weit die Kompensationsfähigkeit Ihres Kindes entwickelt ist. Und um diese Fähigkeit zu entwickeln, braucht das Kind die Unterstützung seiner Eltern. Vielleicht schlummert in Ihrem Kind eine musikalische Begabung. Bei vielen Kindern ist das der Fall, aber sie wissen es nicht. Vielleicht ist Ihr Sohn künstlerisch begabt, vielleicht entwickelt Ihre Tochter ein besonderes Geschick im Umgang mit Kindern. Wo auch immer die Fähigkeiten Ihres Kindes liegen mögen, wichtig ist nur, daß sie früh entdeckt und gefördert werden. Es gibt nichts Riskanteres, als einen Teenager ohne spezielle Fähigkeiten, ohne ein ernsthaftes Hobby, ohne jegliches Kompensationsmittel in die Stürme der Adoleszenz hineinzuschicken. Ohne diese Mittel steht sein Ego ungeschützt und splitternackt da. Er kann nicht sagen: »Ich bin vielleicht nicht der beliebteste Schüler, aber ich bin der beste Trompeter in unserer Band!« Seine einzige Quelle der Selbstachtung ist dann die Wertschätzung, die ihm seine Altersgenossen entgegenbringen – und diese Quelle versiegt allzu leicht.

Ist die Kompensation nur ein Weg für solche Kinder, die wenigstens auf einem ganz bestimmten Gebiet begabt sind? Mit Sicherheit nicht! Jeder kann etwas finden, das ihm psychische Befriedigung gewährt. Ein Beispiel dafür sah ich im Pazifischen Staatskrankenhaus für geistig Behinderte in Pomona, Kalifornien. Ich hörte dort ein ohrenbetäubendes Posaunenkonzert, dessen Getöse mir von einem nahegelegenen Hügel entgegenschallte. Was gespielt wurde, konnte ich beim besten Willen nicht erkennen. Ich hatte auch keine Ahnung, wer für dieses Ständchen verantwortlich war.

Dann, eines Nachmittags, als ich gerade über das Krankenhausgelände ging, lief ein etwa siebzehnjähriger Patient auf mich zu und rief: »Hallo! Ich heiße James Walter Jackson. Ich habe neulich Posaune gespielt. Der Weihnachtsmann muß mir unbedingt eine neue Posaune bringen. Meine ist schon ganz verbeult. Ich möchte gern eine ganz neue silberne Posaune mit einem richtigen Koffer. Können Sie dem Weihnachtsmann das sagen?«

Zunächst war ich ein wenig verblüfft. Aber dann erklärte ich mich bereit, mit dem Weihnachtsmann ein Wörtchen zu reden. Von einigen Pflegern erfuhr ich, was es mit James Walter Jackson auf sich hatte. Der Junge hatte sich im vorigen Jahr sehnlichst eine Posaune zu Weihnachten gewünscht. Einer der Mitarbeiter des Krankenhauses nun hatte zu Hause in seiner Garage noch eine Posaune liegen, deren beste Zeit aber schon lange vorüber war. Dieses Instrument bekam damals James Walter Jackson, vom Weihnachtsmann, versteht sich.

James freute sich natürlich unheimlich. Aber ein bißchen war er auch enttäuscht, denn seine Posaune war doch schon arg verbeult. Er dachte, er hätte dem Weihnachtsmann etwas genauer erklären müssen, was für ein Instrument er sich gewünscht hatte. Deshalb wollte er es das nächste Mal besser machen. Das ganze Jahr über konzentrierte er seine gesamte Energie darauf, dem Weihnachtsmann seinen Posaunen-Wunsch zu übermitteln. Er hielt alle an, denen er auf der Straße begegnete, und sagte ihnen ganz genau, welche Botschaft sie dem Weihnachtsmann überbringen sollten.

Wenig später sah ich James Walter Jackson zum letzten Mal. Ich fuhr gerade mit dem Auto aus dem Krankenhausgelände hinaus, als ich im Rückspiegel meinen Posaunisten erkannte. Er lief hinter meinem Auto her und winkte mir zu, daß ich halten solle. Ich hielt an und wartete, bis er heran war. Er steckte seinen Kopf durch das Fenster und keuchte: »Vergessen Sie nicht, ihm zu sagen, daß ich eine mit Knöpfen will! Keine Zugposaune! Eine mit Knöpfen!« Hoffentlich hat irgend jemand James Walter Jackson seinen Wunsch erfüllt. Seine Kompensationsfähigkeit hing sehr davon ab.

Ohne Frage liegen die größten Möglichkeiten jugendlicher Kompensationsfähigkeit im Bereich des Sports. Bei den Jungs war das schon immer so, und die Mädchen holen hier auch langsam auf. Erinnern wir uns doch noch einmal an die Geschichte mit Charlie Brown. Er wollte sportlich sein und von allen »Blitz« genannt werden. »Ich möchte gern so sportlich sein, daß mich die ganze Schule ›Blitz‹ nennt und . . .« Charlie ist beileibe nicht das einzige Kind, das diesen Traum hat. In einer Studie von James S. Coleman über zehn Gymnasien von Nord-Illinois wurden die Schüler gebeten, die Werte anzugeben, die für sie die größte Bedeutung hätten. Bei den Mädchen rangierte die Schönheit unangefochten auf Platz 1. Bei den Jungs standen sportliche Fähigkeiten an der Spitze. Dabei ist allerdings zu beachten, daß sportliches Können letztlich auch mit dem Äußeren des Menschen zusammenhängt. Mit anderen Worten: Größe, Stärke, Tempo und Ausdauer können vom gesamten Aussehen des Jugendlichen nicht getrennt werden. Übrigens: Wie nicht anders zu erwarten, wurde der akademischen Leistung ein sehr niedriger Rang in der Werthierarchie beigemessen – sowohl bei den Mädchen als auch bei den Jungs.

Ich finde, angesichts der Beliebtheit, die sportliche Typen an unseren Schulen genießen, sollten Eltern diese Möglichkeit viel stärker ausnutzen. Wenn ein Kind einigermaßen koordiniert ist, wird es lernen, Basketball, Fußball oder Tennis zu spielen oder Leichtathletik zu betreiben. Ich habe gesehen, wie manche der häßlichsten Adoleszenten plötzlich höchst geachtet waren, weil sie der Thomas-Jefferson-Oberschule zum Gewinn der Meisterschaft verholfen hatten. Wir müssen allerdings früh anfangen, unseren Kindern beizubringen, wie herrlich sportliche Betätigung sein kann. Wir geben doch bereits unseren Achtjährigen Klavierstunden. Warum sollten wir sie da nicht auch schon mit dem Basketball bekannt machen?

An dieser Stelle nun stellt sich eine Streitfrage. Viele Eltern sind der Ansicht, sie hätten nicht das Recht, ihrem Kind eine Wahl dieser Art aufzuzwingen. Deshalb legen sie die Hände in den Schoß und hoffen, daß der Filius die Entscheidung schon selbst treffen wird. Aber die meisten Kinder sind bemerkenswert träge. Etwas Neues zu erlernen ist zu Anfang immer schwierig. Zunächst will es nicht so recht klappen. Und dann schmeißt man allzu leicht den ganzen Kram wieder hin. Viele Kinder würden deshalb die wichtigen Fähigkeiten nie erlernen, die sie später so dringend brauchen. Ich gebe Ihnen folgenden Rat: Versuchen Sie herauszubekommen, wo die Fähigkeiten Ihres Kindes liegen. Wählen Sie dann die Begabung aus, wo Ihrer Meinung nach die größten Erfolgschancen bestehen. Wenn Sie diese Wahl dann getroffen haben, passen Sie auf, daß sich Ihr Kind von den Anfangsschwierigkeiten nicht entmutigen läßt. Belohnen Sie es, drängen Sie es, bestechen Sie es, wenn notwendig. Aber zwingen Sie es, zu lernen. Sollten Sie dann doch einsehen, daß Sie einen Fehler gemacht haben, so blasen Sie das Ganze ab. Beginnen Sie dann von vorn mit einer anderen Beschäftigung. Lassen Sie vor allem nicht zu, daß Trägheit Sie davon abhält, Ihrem Nachkommen etwas Nützliches beizubringen. Nehmen wir damit unseren Kindern die Freiheit, ihre eigene Wahl zu treffen? Vielleicht, aber das gilt dann auch, wenn wir sie zwingen, mit Messer und Gabel zu essen, sich zu waschen, nicht zu spät ins Bett zu gehen. Vielleicht schränken wir die Freiheit unserer Kinder ein, aber das geschieht nur zu ihrem Besten.

Als ich acht Jahre alt war, entschloß sich mein Vater, mir das Tennisspielen beizubringen. Ich war davon überhaupt nicht begeistert, weil es zu Anfang mit Schwerstarbeit verbunden war. Und mein Vater machte ganze Sache, wenn er mir etwas beibringen wollte. Ich wußte, was auf mich zukommen würde: harte Arbeit, Schweiß und Blasen an den Händen. Ich hätte viel lieber mit meinen Freunden Cowboy und Indianer gespielt. Aber Papa wollte, daß ich Tennis spielte, und ich achtete ihn zu sehr, um ihm einen Korb zu geben. Also verbrachten wir einige harte Samstage auf dem Tennisplatz. Ich war im wesentlichen damit beschäftigt, Bälle, die ich über den Zaun geschlagen hatte, wieder zu holen. Weniger Lust als ich damals hatte, hätte man wohl kaum haben können. Aber Papa zuliebe tat ich so, als wäre ich stark interessiert: »Meinst Du, ich kapiere das, Papa?« fragte ich, als der Ball wieder einmal über den Zaun geflogen war.

Aber nach etwa einem Monat begann der Groschen zu fallen. Allmählich machte mir das Tennisspielen Spaß. Eines Nachmittags kam ein kleiner Kerl in meinem Alter auf mich zu und fragte mich, ob ich gegen ihn spielen wolle. Warum nicht? Wir spielten einen Satz, und ich schlug ihn. Das gefiel mir! Langsam kapierte ich, was ich mit diesem Spiel für mich tun konnte. Der Funke der Begeisterung wurde zu einer lodernden Flamme, die heute noch brennt. Während meiner gesamten Schulzeit, sogar noch auf der Hochschule war dieses Spiel die Quelle meines Selbstvertrauens. Wenn man mich während der schweren Jahre meiner Adoleszenz aufgefordert hätte, die Frage zu beantworten: »Wer bin ich?« so hätte ich geschrieben: »Ich bin der beste Tennisspieler der Schule!« Wenn mein Vater nicht dauernd hinter mir gestanden hätte, wenn er mich nicht dauernd angespornt hätte, etwas Neues zu versuchen, hätte ich viel versäumt. Ich bin dankbar, daß er mir bei der Kompensation so half. Kann Ihr Kind Ihnen gegenüber auch dankbar sein für eine solche Hilfe? Um es kurz zu sagen: Die Kompensation ist die beste Waffe Ihres Kindes gegen Minderwertigkeitsgefühle.

FRAGEN UND ANTWORTEN

1. *Mein Fünfzehnjähriger ist durch und durch Naturliebhaber. Sein Zimmer ist voll mit ausgestopften Tieren, Pflanzen und Insekten. Sogar unsere Garage hat sich in einen kleinen Zoo verwandelt. Überall sind Tiere, die er gefangen und gezähmt hat. Ich kann den ganzen Gestank und das ganze Gekrieche nicht ausstehen. Wenn er sich doch nur für etwas anderes interessieren würde! Was soll ich tun?*

Wenn er seinen Zoo sauberhält, sollten Sie ihm die Freude lassen. Denken Sie daran, daß für einen Fünfzehnjährigen Insekten ein besseres Hobby sind als Drogen!

2. *Mein Sohn ist ein hervorragender Turner. Sein Trainer sagt, er sei begabter als alle anderen. Bei Wettbewerben aber rangiert er immer unter den Letzten. Warum versagt er immer im wichtigsten Augenblick?*

Wahrscheinlich liegt es daran, daß Ihr Sohn sich einfach nicht zutraut, einer der Besten zu sein. Deshalb versagt er, wenn etwas auf dem Spiel steht. Es gibt zum Beispiel viele ausgezeichnete Golfspieler, die von Turnieren durchaus zufriedenstellend leben könnten. Trotzdem gewinnen sie nie. Immer belegen sie nur den zweiten, dritten, sechsten oder zehnten Platz. Wenn sie merken, daß sie gewinnen, drosseln sie ihre Leistung unbewußt in letzter Minute und lassen dann doch wieder einen anderen gewinnen. Sie wollen nicht versagen. Aber sie »sehen« sich einfach nicht als Sieger. Ihre Leistung spiegelt einfach das Image wider, das sie sich von sich selbst zurechtgezimmert haben.

Vor kurzem sprach ich mit einer Konzertpianistin, die außergewöhnlich begabt ist, die sich aber entschlossen hat, nie wieder in der Öffentlichkeit zu spielen. Sie weiß zwar, daß sie begabt ist, aber sie ist der festen Überzeugung, daß sie zu den ewigen Verlierern gehört. Folglich verspielt sie sich dauernd auf der Bühne. Jedesmal, wenn sie diese Demütigung wieder erfahren mußte, zog sie für sich das Fazit, daß sie auf *allen* Gebieten versagt. Und so hat sie sich nun völlig zurückgezogen, in eine einsame und stille Welt.

Keine Frage: Mangelndes Selbstvertrauen kann auch einen noch so begabten Menschen dazu bringen, daß er immer wieder versagt.

3. *Gilt das auch für die geistige Begabung? Mein Zwölfjähriger sollte vor ein paar Tagen auf einer Schulveranstaltung ein Gedicht vortragen, aber vor den vielen Menschen hatte er plötzlich alles vergessen. Ich weiß, daß er das Gedicht fließend auswendig wußte, denn er hatte es vorher zu Hause zigmal aufgesagt. Er ist ein kluges Kind, aber diese Schwierigkeit macht ihm immer wieder zu schaffen. Warum schaltet sich sein Gedächtnis aus, wenn er unter Druck steht?*

Hier müssen wir uns erst einmal folgendes klarmachen: Das Selbstvertrauen Ihres Sohnes – beziehungsweise sein Mangel an Selbstvertrauen – schlägt sich nieder auf die Funktion seines Gehirns. Wir alle haben schon solch ein geistiges »blackout« erlebt, wie Sie es beschrieben haben. Wir wissen ganz genau, daß wir uns irgend etwas eingeprägt haben, daß es uns im Gedächtnis ist. Aber es will einfach nicht an die Oberfläche unseres Bewußtseins kommen. Nehmen wir einmal an, wir diskutieren heftig mit Andersgesinnten, und plötzlich fällt uns nichts mehr ein, obwohl wir doch so zahlreiche gute Argumente zur Hand hatten. Diese Art geistiger Stockung überfällt uns gewöhnlich, 1) wenn der soziale Druck groß ist und 2) wenn uns das Selbstvertrauen fehlt. Warum? *Weil die Gefühle das Funktionieren des menschlichen Gehirns beeinflussen.* Anders als beim Computer, funktionieren unsere geistigen Werkzeuge nur dann richtig, wenn ein sehr kompliziertes biochemisches Gleichgewicht zwischen den verschiedenen Nervenzellen existiert. Ein bestimmter Stoff ermöglicht es einer Zelle, ihre elektro-chemische Ladung über die Lücke (Synapse) zu einer anderen Zelle »abzufeuern«. Mittlerweile hat man herausgefunden, daß eine plötzliche seelische Reaktion die Natur dieser Biochemie mit einem Schlag verändern kann, was die Blockierung des Impulses zur Folge hat. Diese Stockung hat zur Folge, daß der Gedanke nie erzeugt wird. Der gesamte Mechanismus hat für das menschliche Verhalten tiefgreifende Konsequenzen. Ein Kind zum Beispiel, das sich minderwertig und intellektuell unzulänglich vorkommt, macht oftmals keinen Gebrauch von den geistigen Kräften, mit denen es ausgestattet ist. Aus mangelndem Selbstvertrauen erwächst so eine geistige Störung. Oftmals bewegen sich diese beiden Momente in einem ewigen Teufelskreis. Und damit hat offensichtlich auch Ihr Sohn zu schaffen, der sein Gedicht »vergaß«.

4. *Wie kann ich ihm helfen?*

Im Grunde genommen ist es nicht ungewöhnlich, daß ein Zwölfjähriger vor einer großen Menschenmenge »versagt«. Ich stand einmal als Teenager vor dreihundert Altersgenossen, und die Worte blieben mir im Halse stecken, mein Gedächtnis war plötzlich verschwunden. Das war eine schmerzhafte Erfahrung, aber mit der Zeit kam ich darüber hinweg. Wenn Ihr Kind heranreift, wird es seine peinlichen Pannen wahrscheinlich vergessen, vorausgesetzt, es hat auch ein paar Erfolge zu verbuchen, die ihm beim Aufbau seines Selbstwertgefühls geholfen haben. Alles, was die Selbstachtung erhöht, dient dazu, geistige »blackouts« seltener werden zu lassen, bei Kindern und Erwachsenen gleichermaßen.

Strategie Nr. 5

HELFEN SIE IHREM KIND BEI SEINEM KONKURRENZKAMPF

Eltern wie ich, die sich dagegen wehren, daß die Betonung ausschließlich auf der Schönheit und der Intelligenz liegt, die sich in unser gesamtes verhängnisvolles Wertsystem nicht einordnen, stehen vor einer äußerst schwierigen Frage. Wir haben zwar die Ungerechtigkeit unseres Wertsystems erkannt, aber wir wissen auch ganz genau, daß unser Kind mit diesem System leben muß, daß es in einer Welt der Schönen und Intelligenten konkurrenzfähig bleiben muß, wenn es überleben will. Was also sollen wir tun? Sollten wir unserem Kind helfen, möglichst anziehend zu wirken? Sollten wir unser »durchschnittliches« Kind zu überdurchschnittlichen schulischen Leistungen antreiben? Oder sollten wir nichts von alledem tun, in der Hoffnung, daß unser Kind schon lernen wird, mit seinen Fehlern und Nachteilen zu leben?

Auf diese Fragen gibt es keine »wissenschaftlichen« Antworten. Ich kann Ihnen nur sagen, was ich tun würde. Zunächst bin ich mir darüber im klaren, daß es wohl kaum mein Kind sein wird, das unser ungerechtes System eines Tages ändert. Deshalb sehe ich mich dazu verpflichtet, ihm zu helfen, in diesem System konkurrenzfähig zu bleiben. Wenn seine Ohren abstehen, werde ich mit meinem Kind einen Arzt aufsuchen, der ihm durch einen kleinen operativen Eingriff hilft. Wenn seine Zähne schief sind, werde ich mit ihm zum Zahnarzt gehen und dafür sorgen, daß dieser »Fehler« verschwindet. Wenn mein Kind in der Schule mit seinen

Leistungen ins Schwimmen kommt, werde ich ihm Nachhilfeunterricht geben lassen. Mein Kind und ich, wir sind Verbündete in seinem Kampf ums Überleben, und ich werde es bei diesem Kampf nach besten Kräften unterstützen.

Rick Barry, ein Basketball-Star, ist ein gutaussehendes, über zwei Meter großes Musterexemplar für Gesundheit und Selbstvertrauen. Als Kind aber schämte er sich wegen seiner häßlichen Zähne. Beim Sprechen hielt er sogar die Hand vor den Mund. Er beschreibt seine Erfahrungen in dem Buch »Confessions of a Basketball Gypsy«:

> »Als meine zweiten Zähne kamen, waren sie schief, und vorn fehlten zwei. Vielleicht konnte es sich meine Familie nicht leisten, mit mir zum Zahnarzt zu gehen, vielleicht machte man das damals auch noch nicht. Ich erinnere mich daran, daß ich mit Papa einmal darüber sprach, für mich ein Gebiß anfertigen oder mich Klammern tragen zu lassen. Aber ich ließ meine Zähne erst machen, als ich schon auf der Hochschule war. Ich war wegen dieser Zähne sehr empfindlich. Ich schämte mich, wenn ich in den Spiegel schaute. Ich hielt die Hand vor den Mund und lächelte nie. Die Folge war, daß die Leute mich kaum verstehen konnten, wenn ich sprach. Ich gewöhnte es mir an, immer die Hand vor den Mund zu halten. Irgendwie hielt ich die Hand immer am Kinn – eine Angewohnheit, die ich nur schwer wieder loswerden konnte.«

Wie viele Kinder gibt es, die ähnliches Unbehagen über ihr Aussehen empfinden! Ist es da nicht unsere Pflicht, im Rahmen unserer finanziellen Möglichkeiten alles zu tun, um die Fehler auszumerzen, die unserem Kind am meisten zu schaffen machen? Ich glaube schon, und zwar sollten wir möglichst früh damit anfangen. Dr. Edward Podolsky, Psychiater im Kings County Krankenhaus New York City, meint, physische Mißbildungen sollten nach Möglichkeit behoben werden, bevor das Kind in die erste Klasse kommt.

Wir Eltern kommen uns dabei vor wie Seiltänzer. Auf der einen Seite helfen wir unserem Kind, in unserer ungerechten Welt konkurrenzfähig zu bleiben, auf der anderen Seite müssen wir ihm beibringen, daß die Werte dieses Systems unwürdig und verhängnisvoll sind. Diesen Gegensatz zu erklären, erfordert sehr viel Geschicklichkeit und Feingefühl. Wie kann ich meine Tochter ermuntern, sich eine schöne Frisur zu machen, und im nächsten Augenblick sagen: »Schönheit ist nicht wichtig«? Die einzige Möglichkeit, diesen Gegensatz zu überwinden, besteht meiner Meinung nach darin, daß wir dem Kind schon frühzeitig beibringen, wo die *wahren* Werte des Lebens zu finden sind: Liebe zu den Menschen, Freundlichkeit, Integrität, Vertrauenswürdigkeit, Wahrhaftigkeit, Hingabe an Gott usw. Die physische Anziehungskraft erweist sich dann nur noch als Teil eines Gesellschaftsspiels, an dem wir teilnehmen müssen. Da die Welt nun einmal unser Spielplatz ist, können wir ihre Spielregeln nicht ganz und gar mißachten. Aber Spiele sind nebensächlich im Leben eines Menschen. Es gibt wichtigere Dinge. Und das sollten wir unseren Kindern beibringen.

FRAGEN UND ANTWORTEN

1. *Meine dreizehnjährige Tochter hat immer noch eine knabenhafte Figur. Sie besteht aber darauf, daß ich ihr einen Büstenhalter kaufe. Glauben Sie mir: sie braucht wirklich keinen. Der Grund, warum sie trotzdem einen haben will, besteht darin, daß die meisten ihrer Freundinnen auch einen tragen. Soll ich nachgeben?*

Ihre Tochter *braucht* einen Büstenhalter! Sie braucht ihn, um mit ihren Freundinnen konkurrieren zu können, um Spott zu vermeiden, um sich wie eine Frau zu fühlen. Ich finde, das sind alles ausgezeichnete Gründe, um ihren Wunsch zu erfüllen. Kaufen Sie ihr deshalb ihren Büstenhalter.

2. *Meine ältere Tochter hat in ihrem Studium sehr viel Erfolg. Bei ihrer jüngeren Schwester, die jetzt in die sechste Klasse geht, kann davon keine Rede sein. Sie ist völlig desinteressiert und gibt sich nicht die geringste Mühe. Das Schlimme an der*

ganzen Angelegenheit ist, daß die Kleine wahrscheinlich wesentlich intelligenter ist als ihre große Schwester. Woran liegt es, daß sie diesen Trumpf nicht ausspielt?

Ihr schulisches Desinteresse kann viele Ursachen haben. Wahrscheinlich aber liegt es an folgendem: Kinder vermeiden oft jeden Konkurrenzkampf, weil sie von vornherein der festen Überzeugung sind, daß sie doch nur den zweiten Platz belegen werden. Ein jüngeres Kind wird es deshalb sorgfältig vermeiden, den älteren Bruder oder die ältere Schwester ausgerechnet auf den Gebieten herauszufordern, auf denen die Älteren etwas leisten. Wenn Sohn Nummer 1 ein großer Athlet ist, dann wird Sohn Nummer 2 vielleicht lieber Schmetterlinge sammeln. Wenn sich Tochter Nummer 1 als begabte Klavierspielerin entpuppt, könnte das Tochter Nummer 2 dazu veranlassen, nur hinter den Jungs her zu sein.

Natürlich gilt diese Regel nicht in allen Fällen. Es kommt darauf an, wie groß die Angst des jüngeren Kindes ist, zu versagen, wie groß sein Selbstvertrauen ist. Wenn es groß genug ist, so wird es sich wahrscheinlich ruhig in das Terrain der älteren Schwester vorwagen und ausprobieren, ob es auf diesem Gebiet nicht vielleicht noch besser ist. Die typische Reaktion besteht allerdings darin, daß die Jüngeren neue Kompensationsgebiete suchen, die von einem älteren Bruder noch nicht beherrscht werden.

Vielleicht hat Ihr jüngeres Kind diese Probleme. Wenn ja, so hüten Sie sich davor, es stets mit der älteren Schwester zu vergleichen. Helfen sie ihm, andere Interessengebiete zu erschließen, die von der Älteren noch nicht besetzt sind.

3. *Was passiert mit einem Kind, das einfach nicht fähig ist, mit den anderen zu konkurrieren, wie sehr es sich auch anstrengen mag?*

Hier liegt sicher die größte Gefahr für das Selbstwertgefühl eines Kindes. Ich erinnere mich an ein trauriges kleines Mädchen namens Lily, die mir zur psychologischen Untersuchung überwiesen wurde, als sie in der achten Klasse war. Sie öffnete die Tür meines Büros und stand da, die Augen niedergeschlagen. Unter einigen Schichten Puder und Schminke sah man deutlich ungezählte Pickel. Lily hatte ihr Bestes getan, um sie zu verbergen, aber sie hatte keinen Erfolg gehabt. Sie wog ungefähr siebenundfünfzig Pfund und war physisch ein regelrechtes Wrack. Sie setzte sich hin, ohne mir in die Augen zu sehen. Dazu hatte sie einfach nicht genügend Selbstvertrauen. Ich brauchte gar nicht erst zu fragen, was ihr fehlte. Das Leben hatte ihr übel mitgespielt, und sie war verbittert, gedemütigt, tief verletzt. Für den Teenager, der diesen Punkt erreicht, hat das Leben keinen Sinn mehr. Jede Hoffnung ist ihm genommen. Er kann an nichts anderes mehr denken. Er findet sich abstoßend und widerlich. Er möchte sich am liebsten in einem Loch verkriechen, aber er findet keins. Das Weglaufen ändert nichts, das Weinen macht es nur noch schlimmer. Und allzu oft sehen Kinder dann nur noch den Selbstmord als »Ausweg«.

Lily gab mir nicht viel Zeit. Schon am nächsten Morgen torkelte sie in mein Büro und verkündete, sie habe alle Tabletten eingenommen, die sie in der Hausapotheke ihrer Eltern gefunden hatte. Wir ließen sie sofort ins Krankenhaus bringen und ihr den Magen auspumpen. Lily überlebte – physisch. Ihre Selbstachtung und ihr Selbstvertrauen aber waren längst tot. Die Narben in ihrem Gesicht symbolisierten die Wunden an ihrem jugendlichen Herzen.

Die Selbstmordrate unter Teenagern ist in den letzten Jahren rapide gestiegen. Statistiken belegen, daß sich die Zahl der Selbstmorde in den vergangenen Jahren in einigen Städten verdoppelt hat. Bei Schülern im Alter von neunzehn Jahren soll Selbstmord mittlerweile die dritthäufigste Todesursache sein. Untersuchungen zeigen, daß es sich bei diesen unglücklichen Kindern im allgemeinen um Einzelgänger handelt, die von Gleichaltrigen verstoßen werden und sich deshalb isoliert vorkommen. Mit anderen Worten: Sie haben den Konkurrenzkampf in ihrer jugendlichen Gesellschaft verloren. Vor einiger Zeit fand ich in der »Los Angeles Times« einen Artikel, in dem unter anderem folgende Behauptungen aufgestellt wurden:

> »Der Mangel an Freundschaft, der Mangel an Selbstachtung stellen ernsthafte Probleme für Oberschüler und Hochschulstudenten aller sozialen Schichten dar. Einige Untersu-

chungen haben gezeigt, daß 50 Prozent der gesamten Schülerschaft weder innerhalb noch außerhalb der Schule ein Leben führt, das ihnen wirklich sinnvoll erscheint.

Gewöhnlich führt das zu Desinteresse und Trägheit. Dazu neigen vor allem solche Studenten, die sich auf ihrer Hochschule nicht wohl fühlen. Darunter leiden aber nicht nur ihre Leistungen. Immer mehr von ihnen flüchten sich in den Selbstmord, nach Autounfällen jetzt die zweithäufigste Todesursache bei Studenten. Und es gibt Experten, die der Ansicht sind, daß mindestens die Hälfte dieser Autounfälle ebenfalls in die Kategorie ›Selbstmord‹ einzuordnen ist. Das National Institute of Mental Health berichtet: ›Es sind insbesondere Absonderung und Zurückgezogenheit, die einen jungen Menschen zum Selbstmord treiben.‹

Ein Wissenschaftler, der sich mit den Selbstmorden von Schülern in New Jersey beschäftigte, machte die Entdekkung, daß ›in jedem Selbstmordfall das Kind keine engen Freunde hatte, mit denen es Geheimnisse hätte teilen oder von denen es psychische Unterstützung hätte erfahren können.‹«

Offensichtlich ist das Gefühl, sozial nicht anerkannt zu werden, bei jungen Menschen nicht nur ein »unbequemes« Gefühl. Fehlende Selbstachtung kann unter Umständen sogar dazu führen, daß der Wunsch zum Weiterleben erlischt. Eltern und Lehrer müssen lernen, die frühen Symptome persönlicher Verzweiflung während der zarten, labilen Kindheitsjahre zu erkennen. Und wichtiger noch: Wir müssen wissen, was wir dagegen tun können.

Strategie Nr. 6

WÄHLEN SIE DIE RICHTIGEN DISZIPLINIERUNGSMASSNAHMEN!

Nun wollen wir uns mit der außerordentlich wichtigen Frage »Disziplin und Selbstachtung« beschäftigen. Bedeutet Strafe eine Gefahr für das Selbstwertgefühl eines Kindes? Die Antwort auf diese Frage hängt allein von Ihnen ab. Es geht hier nicht um »Schlagen oder nicht schlagen!«. Es geht um das »Warum«. Ich habe dieses Thema umfassend in meinem Buch »Unsere Kinder sind unmöglich« erörtert. Deshalb beschränke ich mich an dieser Stelle auf das Problem »Disziplin und Selbstachtung«.

Schläge können zuweilen durchaus heilsam sein, vorausgesetzt, man setzt dieses Erziehungsmittel richtig ein. Aber das darf Sie nicht dazu verleiten, Ihre Enttäuschungen und Sorgen blindwütig an Ihrem kleinen Hans auszulassen. Sie machen es sich zu leicht, wenn Sie Ihr Kind wegen seiner kindlichen Verantwortungslosigkeit jedesmal gleich schlagen. Vor allem müssen Sie sich davor hüten, Ihren Sohn vor den Augen anderer zu bestrafen oder ihn geringschätzig zu behandeln.

Ich hatte einmal einen unglücklichen Teenager zu behandeln, der von seinem Vater die ganze Kindheit hindurch dauernd verprügelt worden war. Als dieses Mädchen einmal nachts aus Versehen das Bett näßte, wickelte es der Vater in das uringetränkte Bettlaken und drückte dann den Kopf seines Kindes tief in die Toilette. Das Selbstwertgefühl dieses Mädchens bekam damals einen Knacks, von dem es sich wohl kaum jemals wieder erholen wird. Niemand wird bezweifeln, daß diese Art von launenhafter, ungerechter und brutaler Bestrafung für ein Kind vernichtend sein kann, besonders wenn dieses Kind spürt, daß es von seinen Eltern nicht geliebt wird. Es begegnen uns auf diesem Gebiet also viele Gefahren, die wir vermeiden müssen.

Auf der anderen Seite kann es aber für das Selbstwertgefühl eines Kindes auch von großem Schaden sein, wenn die Eltern ins andere Extrem fallen und jede Art von Disziplinierung vermissen lassen. Wenn ein Kind weiß, daß es etwas falsch gemacht hat, weil es anderen gegenüber selbstsüchtig oder gemein war, dann erwartet es geradezu, daß seine Eltern entsprechend reagieren. Schließlich sieht es diese Eltern doch als Vertreter der Gerechtigkeit, als Wahrer von Recht und Ordnung. Wenn wir die Herausforderungen unserer Kinder nicht entsprechend beantworten, so verscherzen wir uns damit ihre Achtung. Das Kind fragt sich, warum Vater und Mutter zulassen, daß es so ungezogen und gemein ist. Womöglich lieben sie es gar nicht!? Im Hebräerbrief finden wir eine sehr aufschlußreiche Stelle. Dort heißt es in Kapitel 12, Vers 8:

»Seid ihr aber ohne Züchtigung, derer sie alle teilhaftig geworden sind, so seid ihr ja unecht und keine Söhne!«

Wie wahr! Ein undiszipliniertes Kind fühlt sich trotz aller »Liebe« seiner Eltern, als ob es nicht zur Familie gehöre. Diese biblische Weisheit wurde von Stanley Coopersmith, außerordentlicher Professor der Psychologie an der Universität von Kalifornien, bestätigt. Coopersmith stellte Forschungen an unter 1738 Söhnen aus Mittelstandsfamilien. Er begann mit seiner Untersuchung in der voradoleszenten Zeit der Kinder und verfolgte ihren Lebensweg bis ins junge Mannesalter hinein. Coopersmith identifizierte zunächst die Jungen mit dem größten Selbstachtungsgefühl und verglich dann ihre Familien und Kindheitseinflüsse mit denjenigen, die weniger Selbstachtung bewiesen. Dabei entdeckte er drei wichtige Kennzeichen, durch die sich diese beiden Gruppen voneinander unterschieden: 1) Die Kinder mit der großen Selbstachtung erfuhren zu Hause wirkliche Liebe und Anerkennung. Im Gegensatz zu den Jungen mit geringer Selbstachtung hatten sie von ihren Eltern tiefe und echte Liebe erfahren, die nicht nur aus leeren Floskeln bestand. Diese Jungen wußten, sie waren der Stolz ihrer Eltern. Und das war ihrem Selbstwertgefühl ausgesprochen förderlich. 2) Die Gruppe mit hoher Selbstachtung kam aus Familien, in denen die Eltern hinsichtlich ihrer Disziplinierungsmaßnahmen ziemlich streng verfuhren. Die Eltern der anderen Gruppe hingegen hatten sich da wesentlich nachlässiger verhalten. In ihren Söhnen wuchs daher das Gefühl, letztlich doch nicht richtig geliebt zu werden. Niemand hatte sich wirklich Sorgen um sie gemacht und sie dementsprechend behandelt. (»Seid ihr aber ohne Züchtigung, so seid ihr ja unecht und keine Söhne!«) Außerdem machte Coopersmith die Entdeckung, daß die erfolgreichsten und selbständigsten der jungen Männer aus Elternhäusern stammten, in denen strenge Disziplin geherrscht hatte. Bemerkenswert ist übrigens, daß der liebevolle Kontakt zur Familie gerade von denjenigen aufrechterhalten wurde, für die Disziplin und Selbstbeherrschung zu einer unaufgebbaren Lebensregel geworden waren. 3) Die Elternhäuser der Jungen mit hohem Selbstwertgefühl zeichneten sich weiterhin dadurch aus, daß in ihnen nach demokratischen Spielregeln gelebt wurde. Wenn die Grenzen erst einmal abgesteckt waren, gab es soviel Freiheit innerhalb dieser Grenzen, daß sich die einzelne Persönlichkeit bestmöglichst entwickeln konnte. Die Jungen brauchten keine Angst zu haben, man könnte sie wegen einer ungeschickten Äußerung auslachen. Die allgemeine Atmosphäre war geprägt durch gegenseitige Anerkennung und Geborgenheit.

Dr. Joseph Bobbitt, ein bekannter Kinderpsychologe, drückt die durch Professor Coopersmith aufgezeigten Unterschiede folgendermaßen aus: »Wissenschaftliche Studien haben uns gezeigt, daß die Kinder am wenigsten Selbstachtung aufbringen, die beim Essen kein Wort sagen dürfen. Das Kind mit der zweitniedrigsten Selbstachtung hingegen beherrscht das Gespräch am Mittagstisch. Ganz oben auf der Liste aber rangiert das Kind, dessen Eltern ihm sagen: ›Du darfst ruhig alles frei sagen – wenn du an der Reihe bist.‹« Hier sehen wir einmal mehr, wie wichtig das Gleichgewicht zwischen Liebe und Disziplin ist. Nur wenn bei uns an dieser Stelle alles in Ordnung ist, werden wir seelisch gesunde Kinder erziehen.

Da richtige Disziplin für den Aufbau der Selbstachtung so wichtig ist, wollen wir nun ihre einzelnen Bestandteile erörtern. Befassen wir uns wieder mit der Frage des Schlagens und fragen wir uns: Wann und unter welchen Umständen ist es richtig, diese Disziplinierungsmaßnahme einzusetzen? Sie werden Ihrem Kind keine psychischen Schäden zufügen, wenn Sie folgenden Weg beschreiten: 1) Setzen Sie die Grenzen im voraus fest. Teilen Sie Ihrem Kind genau die »Spielregeln« mit. Lassen Sie keinen Zweifel an den Folgen, die eine Überschreitung dieser Regeln mit sich bringt. 2) Wenn Ihr Kind Ihre Autorität durch irgendeine Ungezogenheit in Frage stellt, dann erwartet es von Ihnen eine Reaktion. Enttäuschen Sie es nicht! Schläge sollten also für wirkliche Konflikte zwischen Eltern und Kind aufbewahrt werden. Sie müssen Ihren Führungsanspruch verteidigen, wenn das Kind Sie trotzig herausfordert. Schläge sind eine Reaktion auf Frechheit, Hochmut oder offenen Ungehorsam. *Keine andere Erziehungsmethode ist so wirksam, wenn es um die Bekämpfung eigenwilligen Trotzes geht.* Deshalb ist körperliche Züchtigung nicht etwa ein »letzter Ausweg«, der Ihnen erst dann offensteht, wenn Sie zuvor vergeblich geschimpft und das Kind flehentlich um Besserung ersucht haben. Schläge sind immer dann zu gebrauchen, wenn das Kind Sie offen und halsstarrig herausgefordert hat. 3) Schlagen Sie das Kind nicht für Fehler oder Unfälle.

Schlagen Sie es nicht, wenn es vergißt, den Hund zu füttern oder das Bett zu machen. Schlagen Sie es nicht, damit es seine Schularbeiten macht. Schlagen Sie Ihr Kind auch nicht für etwas, was es gestern falsch gemacht hat. Das Kind würde sich ungerecht behandelt vorkommen. 4) Nach dem »Donnerwetter« sucht das Kind in aller Regel Liebe und Geborgenheit. Öffnen Sie deshalb Ihre Arme, drücken Sie Ihr Kind fest an sich, beweisen Sie ihm Ihre Liebe. Sagen Sie ihm noch einmal, warum Sie so streng sein mußten und wie man das beim nächsten Mal vermeiden könnte. Sie können mit Ihrem Kind nicht so offen reden, wenn Sie den Konflikt auch nach der Tracht Prügel noch weitertreiben. Wir erreichen nicht Verständnis und Liebe, wenn wir das Kind schmollend auf sein Zimmer schicken. Ergreifen Sie die Gelegenheit beim Schopf! 5) Schlagen Sie ein Kind nicht mehr, wenn es acht oder neun Jahre alt ist. Schlagen Sie nie einen Teenager! In der Adoleszenz wird die Selbstachtung ohnehin schon stark genug in Frage gestellt. Schläge könnten da großen Schaden anrichten. Das Kind würde sich wie ein Baby behandelt fühlen.

Nun gibt es aber viele Experten, die von körperlicher Züchtigung völlig abraten. Die Eltern sollten sich vielmehr darauf beschränken, mit dem Kind zu sprechen, wenn es ungezogen gewesen ist. Jeder, der das je versucht hat, weiß, wie wenig das nützt. Wenn ein Kind gegenüber seinen Eltern frech und unverschämt auftritt, dann will es wissen, wer der Stärkere ist. Mit gutem Zureden und verständnisvollen Erklärungen werden Sie da gar nichts ausrichten.

Dieselben Fachleute behaupten auch, daß körperliche Züchtigung aus Ihrem Kind einen brutalen Menschen macht, der nun seinerseits seinen Ärger über die bezogenen Prügel an anderen ausläßt. Das ist Unsinn! Wenn Ihr Kind je mit seiner Hand an eine heiße Herdplatte gekommen ist, so können Sie sicher sein, daß ihm das kein zweites Mal passieren wird. Die Schmerzen erweisen sich vielmehr als eine äußerst lehrreiche Lektion. Das Kind wird nicht deshalb zu einem gewalttätigen Menschen, weil es sich am Ofen verbrannt hat. Das gilt ebenso für andere schmerzhafte Erfahrungen. Wenn ein Kind von seinem Stuhl fällt, wenn es sich den Finger in der Tür einklemmt oder von einem Hund gebissen wird, weil es ihn geärgert hat, dann wird es beim nächsten Mal sehr viel mehr Vorsicht walten lassen. Beulen und Schürfwunden sind die besten Mittel, um einem Kind zu zeigen, wovor es sich in acht nehmen muß. Seine Selbstachtung leidet darunter nicht. Das Kind wird durch diese schmerzhaften Lektionen nicht zu einem gemeinen Menschen. Sie machen es nur mit der Wirklichkeit vertraut. Und genau den gleichen Dienst erweisen wir Eltern unserem Kind, wenn wir ihm zu gegebener Zeit einen Klaps verabreichen. Dies zeigt dem Sprößling, daß es nicht nur physische Gefahren im Leben gibt, sondern daß die Welt ebenso auch ganz bestimmte soziale »Fallen« stellt (Selbstsucht, Trotz, Unehrlichkeit, Aggressivität), denen man aus dem Wege gehen muß.

Nun möchte ich nochmals auf unsere Ausgangsfrage zurückkommen: Fügen wir dem Kind durch körperliche Züchtigung Schäden zu, die seinem Selbstwertgefühl abträglich sind? Hier müssen wir uns mit einem sehr wesentlichen Unterschied vertraut machen. Durch Schläge kann man die ganze *Persönlichkeit* des Kindes brechen. Sehr genau davon zu unterscheiden ist eine Bestrafung, die den *Willen* des Kindes bricht. Die Persönlichkeit eines Menschen ist äußerst empfindlich. Sie umfaßt vor allem das Selbstwertgefühl, das persönliche Wertempfinden und die psychische Verfassung. Eltern können die Persönlichkeit eines Kindes sehr leicht verletzen – durch Spott, Mißachtung, mangelnde Liebe, offene Ablehnung. Alles, was die Selbstachtung eines Kindes schmälert, kann uns teuer zu stehen kommen. Während nun aber dieses Persönlichkeitsgefüge des Menschen mit größter Vorsicht zu behandeln ist, erweist sich der Wille aus Stahl. Schon vom Augenblick der Geburt an ist er vorhanden. Auch Kinder, die eine angeknackste Persönlichkeit haben, können eindrucksvolle Vorstellungen von eigenwilligem Trotz zum besten geben. *Wir müssen also den Willen des Kindes formen, aber seine Persönlichkeit unversehrt lassen.* Erreichen können wir das, indem wir auf ganz bestimmten Gebieten unbedingten Gehorsam verlangen. Wenn Sie dem Willen Ihres Kindes in jeder Hinsicht freien Lauf lassen, so wird das Ergebnis in aller Regel extremer Eigensinn sein. Dann aber erzeugen wir lästige und unsoziale Zeitgenossen, die sich selbst, anderen und sogar Gott nichts als Schande bereiten.

FRAGEN UND ANTWORTEN

1. *Warum besteht heute soviel Verwirrung bezüglich der Disziplin? Ist es denn wirklich so schwierig, unsere Kinder richtig zu erziehen?*

Die Eltern sind heute so verwirrt, weil ihnen von vielen Fachleuten, die es doch eigentlich besser wissen sollten, eine Methode der Kindererziehung beigebracht worden ist, die unlogisch und deshalb undurchführbar ist. Disziplin – wohl kaum ein anderes Wort ist in den letzten Jahren stärker in Verruf geraten.

Lassen Sie mich als Beispiel einen kurzen Abschnitt aus einem Frage-und-Antwort-Buch für Eltern zitieren, herausgegeben von der »American Academy of Pediatrics«, einer Abteilung der »American Medical Association«:

DAS KIND SCHLÄGT IHNEN DIE TÜR VOR DER NASE ZU

Frage: *Was tut man, wenn das Kind einem wütend die Tür vor der Nase zuschlägt?*

Antwort: *Halten Sie sich zurück. Tun Sie nichts, bis sich das Kind wieder beruhigt hat. Einen zornigen Menschen überzeugen zu wollen, das ist, als würde man mit dem Kopf gegen die Wand rennen.*

Wenn das Kind dann wieder guter Laune ist, erklären Sie ihm, wie gefährlich es sein kann, Türen zuzuschlagen. Sagen Sie ihm, daß man dabei unter Umständen sogar einen Finger verlieren kann. Einige Gespräche dieser Art genügen meist schon, um weiteres Türenschlagen zu vermeiden.

Was für eine unzulängliche Antwort! Die Verfasser dieses Buches haben nicht erkannt, daß das Türenzuschlagen gar nicht das Hauptproblem ist. In Wirklichkeit nämlich geht es darum, daß das Kind seine Eltern herausfordert, daß es wissen will, wer der Stärkere ist. Mit gutem Zureden, noch dazu erst dann, wenn das

Kind »wieder guter Laune ist«, wird Ihnen und dem Kind kaum gedient sein.

Ich habe bereits erwähnt, daß alle diese modernen Experten für Kindererziehung versäumt haben, den Eltern eine brauchbare Reaktion für den Fall anzubieten, daß sie von ihrem Kind offen herausgefordert werden. Wie sollte sich die Mutter denn beispielsweise in der oben beschriebenen Situation verhalten, bis sich ihr Junior wieder beruhigt hat? Was passiert, wenn er Möbel kaputtschlägt und Türklinken aus der Verankerung reißt? Was geschieht, wenn er seine Mutter beschimpft oder die kleine Schwester ohne jeden Grund schlägt? Sie merken schon, worauf ich hinaus will: Gespräche und Erklärungen, wie sie die Verfasser des zitierten Buches vorschlagen, sind als Reaktion auf offenen Trotz so gut wie wertlos.

Im Grunde genommen ist die ganze Verwirrung in bezug auf die Disziplin höchst überflüssig.

2. *Die Kinder in unserer Nachbarschaft gehen sehr brutal und gemein miteinander um. Von morgens bis abends prügeln und beschimpfen sie sich. Was können wir als Eltern dagegen tun?*

Zunächst einmal: Sie können etwas dagegen tun! Eine der Ursachen, daß Kinder so gemein sind, liegt darin begründet, daß man ihnen nie beigebracht hat, die Gefühle der anderen anzuerkennen. Viele Eltern meinen, man könne den Kindern gar nicht beibringen, Freundlichkeit und Mitgefühl gegenüber anderen aufzubringen. Diese Ansicht ist grundfalsch! Unsere Kinder sind von Natur aus wesentlich sanfter und zärtlicher als wir Erwachsenen, und unsere Aufgabe besteht darin, diese Veranlagung nach besten Kräften zu fördern. Wir müssen den Kindern zeigen, wie schlimm Spott und Gehässigkeit für einen Menschen sein können. Erreichen können wir das, indem wir das Kind an Situationen erinnern, in denen seine eigenen Gefühle verletzt wurden. Wir müssen unseren Kindern ein Beispiel sein, etwa insofern, als wir einem in der Nachbarschaft nicht so beliebten Kind gegenüber ganz betont freundlich sind. Die Kinder werden dann unserem Beispiel folgen.

Besonders wichtig ist dies alles für Lehrer. Ein guter Lehrer hat ungezählte Möglichkeiten, um seinen Schülern zu helfen, Achtung voreinander zu haben. Junge Menschen identifizieren sich sehr schnell mit ihren Lehrern, und das kann zuweilen entscheidend für die Atmosphäre des ganzen Schuljahres sein. Wenn eine Lehrerin gegenüber den nicht so begabten und demzufolge schlechteren Schülern offene Ablehnung und Spott beweist, so werden die vierunddreißig anderen Schüler ihrem Beispiel sehr bald folgen. Wenn sie aber geduldig und freundlich ist und dem schwerfälligeren Kind Mut zuspricht, wenn sie auch den Schüler akzeptiert, der etwas Dummes gesagt hat, dann wird auch unter den Kindern eine wärmere und freundlichere Atmosphäre herrschen. Ich habe zu Beginn eines jeden Schuljahres meinen Schülern stets unmißverständlich mitgeteilt, daß ich es nicht zulassen würde, daß man über einen Jungen oder über ein Mädchen der Klasse lacht. Wir wollten vielmehr als ein wirkliches Team zusammenarbeiten. Dann nahm ich mir vor, gegenüber dem Kind, das offensichtlich am wenigsten Achtung von seinen Mitschülern erfuhr, ganz besonders freundlich und aufgeschlossen zu sein. Ich habe mit dieser Methode die besten Erfahrungen gemacht.

Zurück zur Ausgangsfrage: Wie können Eltern eine friedlichere Atmosphäre unter den Kindern der Nachbarschaft schaffen? Die Eltern müssen zunächst die Reife besitzen, untereinander offen und ohne Emotionen die Probleme zu besprechen. Aber das ist nicht leicht! Es gibt wohl keine geeignetere Methode, um eine Mama zu erzürnen, als wenn man ihren Kleinen madig macht. Hier rühren wir wirklich an ein sehr heikles Thema. In der Regel herrscht alles andere als Eintracht unter den Eltern eines Wohnblocks. Und die Kinder merken das ganz genau. Was jeder Häuserblock braucht, ist eine Mutter, die den Mut hat, zu sagen: »Ich will wissen, was mein Kind tut, wenn es mit anderen spielt. Wenn es gegenüber anderen Kindern gemein ist, will ich das wissen. Wenn es sich Erwachsenen gegenüber unhöflich verhält, will ich auch das erfahren. Ich werde dann bestimmt nicht gereizt und verletzt reagieren. Keines unserer Kinder ist vollkommen. Wir können uns die schwierige Aufgabe der Erziehung sehr erleichtern, wenn wir als Erwachsene offen miteinander sprechen.«

Zusammenfassend ist also zu sagen: Kinder sind fähig, schon

früh im Leben zu lernen, wie man sich anderen Menschen gegenüber zu verhalten hat. Unsere Aufgabe besteht darin, ihnen beizubringen, den anderen als Menschen zu akzeptieren.

3. *Meine kleine Tochter ist manchmal sehr lieb und brav. Es gibt aber auch Zeiten, in denen sie unerträglich und launisch ist. Was kann ich gegen ihre schlechte Laune machen, wenn sie nichts getan hat, was eine Bestrafung rechtfertigen würde?*

Ich schlage vor, Sie nehmen sie in den Arm und reden mit ihr auf folgende Weise: »Du, ich glaube, in dir gibt es zwei Menschen. Der eine ist ganz lieb und brav. Er arbeitet gern und ist freundlich. Ich glaube, du brauchst nur auf einen Knopf zu drücken, und schon kommt dieser Mensch zum Vorschein. Aber manchmal drückst du auch einen anderen Knopf. Dann kommt der andere Mensch heraus. Er ist launisch, lacht nicht und will von den anderen nichts wissen. Er will dauernd mit deinem Bruder streiten und mir nicht gehorchen. Du kannst also entweder auf den Knopf drücken, der bei dir den guten Menschen hervorbringt; du kannst aber auch auf den anderen Knopf drücken, wie du es heute getan hast. Heute ist nämlich nur der böse Mensch zu sehen. Mir paßt das überhaupt nicht. Drücke doch bitte den anderen Knopf, damit der gute Mensch in dir wieder zum Vorschein kommt. Ich glaube, wir haben uns verstanden.«

In einem derartigen Gespräch wird die Disziplinierung eines Kindes fast zu einem Spiel. Aber mit diesem Spiel erreichen Sie Ihr Ziel ohne lautes Geschimpfe und Streit.

Strategie Nr. 7

HALTEN SIE EIN WACHSAMES AUGE AUF DIE SCHULE

Was sollen Eltern tun, wenn sie merken, daß ihr Kind in der Schule versagt? Zunächst müssen sie sich klarmachen, daß schulisches Versagen das Symptom einer spezifischeren Ursache ist. So besteht zum Beispiel ein großer Unterschied zwischen einem

Kind, das nicht arbeiten *will*, und einem Schüler, der einfach *unfähig* ist, die geforderten Leistungen zu erbringen. Bevor wir also dem Kind wirklich helfen können, müssen wir die Ursache seines Problems herausarbeiten. Viele Schulbezirke haben mittlerweile einen Schulpsychologen, der eine Reihe von Tests durchführt, falls sich das bei einem Kind als notwendig erweist. Besorgte Eltern können von sich aus etwas dazu beitragen, indem sie ein Beratungsbüro anrufen. Sollte sich aber in Ihrem Bezirk kein Schulpsychologe befinden, so schlage ich vor, daß Sie mit Ihrem Kind privat einen Psychologen aufsuchen.

Wenn Sie erst einmal die Ursache des Problems erkannt haben, können Sie auch etwas dagegen unternehmen. Hier einige Vorschläge, die hilfreich sein könnten:

1. Nachhilfeunterricht erweist sich bei schlechten schulischen Leistungen oft als sehr nützlich. Besonders bei den Grundfächern Lesen, Schreiben und Rechnen haben viele Kinder Schwierigkeiten, den umfangreichen Stoff zu bewältigen. Sie werden immer wieder abgelenkt, Konzentration ist nicht gerade ihre Stärke. Wenn aber eine Person beim Nachhilfeunterricht ganz allein mit dem Kind arbeitet, so fällt das Lernen wesentlich leichter. Am besten suchen Sie sich einen älteren Gymnasiasten, der mit Ihrem Kind arbeitet.

2. Vergewissern Sie sich, daß Ihr Kind bis zum Ende des zweiten Schuljahres das Lesen gelernt hat. Ich bin fest davon überzeugt, daß gerade hier eine Quelle für mangelnde Selbstachtung zu suchen ist. Dabei wäre diese Schwierigkeit gar nicht nötig. Pädagogen haben viele Methoden entwickelt, die Ihrem Kind dabei helfen können, das Lesen zu lernen. Von ganz wenigen Ausnahmen abgesehen kann jedes Kind das Lesen lernen – vorausgesetzt, man wählt die richtige Unterrichtsmethode. Leider sind diese Methoden oftmals sehr teuer, vor allem, wenn es sich um hochentwickelte technische Apparaturen handelt. Vielleicht stehen diese Möglichkeiten in der Schule Ihres Kindes nicht zur Verfügung. Womöglich sind Sie auf die herkömmliche Unterrichtsmethode angewiesen. Dann empfehle ich erst recht, daß Sie Ihrem Kind Nachhilfeunterricht erteilen lassen. *Es ist für das Selbstwert-*

gefühl eines Kindes von ganz entscheidender Bedeutung, daß es rechtzeitig das Lesen (er)lernt, und wenn die Berufspädagogen nicht in der Lage sind, es ihm beizubringen – Sie werden schon jemanden finden!

3. Wenn Ihr Kind vor Faulheit glänzt, wenn es sich hartnäckig weigert, die Fähigkeiten einzusetzen, die es hat, dann stehen Sie vor einem ziemlich schwierigen Problem. Aber das brauchte ich Ihnen wohl nicht erst zu sagen. Das ganze Schimpfen und Strafen erzeugt nur ein Gähnen und – noch eine Sechs. Ich habe schon viele Methoden ausprobiert, um diesen Faulpelzen zu helfen, aber sie erwiesen sich allesamt als untauglich. Die einzige Methode, mit der ich faule und unlustige Schüler motivieren konnte, bestand in einem sorgfältig ausgearbeiteten Plan, demzufolge dem Kind für jede gute Leistung eine verlockende Belohnung winkte. Allerdings genügt es nicht, ein Kind nur deshalb zu belohnen, weil es ganz normal gearbeitet hat. Das würde nur ein sehr kurzes Strohfeuer von Energie erzeugen, ansonsten aber wieder nur Gleichgültigkeit und Gähnen zur Folge haben. Ich habe in meinem Buch »Unsere Kinder sind unmöglich« ausführlich zu diesem Problem Stellung bezogen und die »Verstärkungsmethoden«, um die es hier geht, ausführlich beschrieben. Ich empfehle deshalb den Eltern, die sich mit diesem Problem konfrontiert sehen, dort die entsprechenden Seiten nachzulesen.

4. Was können wir für die Selbstachtung des Lernbehinderten tun? Die Frage verlangt nach einer Antwort, weil sich so viele Kinder mit diesem Problem herumschlagen müssen. Die Intelligenzquotienten der gesamten Bevölkerung ranken sich um einen Durchschnittswert von 100. Das heißt, stark vergröbert, daß etwa 50 Prozent unserer Kinder einen IQ haben, der unter 100 liegt, und daß die übrigen 50 Prozent mit ihrem IQ über dem Durchschnittswert von 100 rangieren. Es liegt auf der Hand, daß diejenigen, die zur ersten Gruppe gehören, in bezug auf ihre Selbstachtung wesentlich gefährdeter sind, denn Lernprobleme haben in der Regel Selbstzweifel zur Folge. Je weiter wir auf der IQ-Skala nach unten kommen, mit desto größerer Wahrscheinlichkeit begegnen wir

Kindern, für die das Versagen in der Schule etwas ganz Alltägliches ist. Etwa 22 Prozent der amerikanischen Kinder haben einen IQ zwischen 70 und 90 – und gehören somit in die Kategorie der Lernbehinderten. *Noch bevor sie in die erste Klasse kommen, kann man voraussehen, daß die meisten dieser Kinder schon sehr bald Gefühle der Unzulänglichkeit und Minderwertigkeit mit sich herumtragen werden.* Wir wissen also, daß mindestens ein Viertel unserer Kinder eines Tages die Schule mit dem Gefühl verläßt, daß sie dumm und minderwertig sind. Und mit diesem Gefühl gehen sie dann in das Erwachsenendasein hinein.

Den Eltern von Lernbehinderten möchte ich zwei Ratschläge geben. Erstens: Betonen Sie Ihrem Kind gegenüber nicht, daß sie Intelligenz als unverzichtbaren Bestandteil des menschlichen Wertes erachten. Das klingt vielleicht wie Ketzerei angesichts unserer leistungsorientierten Mittelstandsgesellschaft. Aber ich bleibe dabei: Die Selbstachtung verschwindet, wenn wir sie von Eigenschaften abhängig machen, die für das Kind unerreichbar sind. Alles, was Ihr Kind trotz aller Anstrengungen nicht leisten *kann*, muß in den Hintergrund treten. Sie verlangen doch auch nicht, daß ein verkrüppeltes Kind sportliche Höchstleistungen erzielt. Die meisten Eltern aber wollen, daß ihr absolut durchschnittlicher Sohn eines Tages ein Prädikatsexamen mit nach Hause bringt. Wenn ich ein Kind mit einem IQ von 85 hätte, von dem ich wüßte, daß es hart um Dinge ringt, die andere Kinder aus dem Ärmel schütteln, so würde ich alles tun, um mein Kind von diesem unmenschlichen Druck zu befreien. Ich würde mich auf seine Fähigkeiten konzentrieren und möglichst wenig Worte über sein mehr als dürftiges Zeugnis verlieren. Es gibt Dinge im Leben, die wesentlich wichtiger sind als Erfolg in der Schule. Und die Selbstachtung gehört dazu. Wenn ich zwischen schulischem Erfolg und Selbstachtung meines Kindes wählen sollte – ich wüßte, wofür ich mich zu entscheiden hätte.

Zweitens: Tun Sie alles, damit Ihr Kind nicht sitzenbleibt. Für mich gibt es so gut wie keinen Grund, der es rechtfertigen könnte, ein Kind zweimal in dieselbe Klasse gehen zu lassen. Dem Kind vermittelt das nur das Gefühl, ein Versager zu sein. Und dieses Gefühl ist für die Selbstachtung verheerend. Das Kind muß ja zu dem Schluß kommen, daß es unglaublich dumm ist. Schließlich wurden alle seine Freunde außer ihm in die nächste Klasse versetzt. Nun sitzt es mit den »Kleinen« zusammen in einer Klasse. Wieviel Unglück und Selbsthaß hat dieses durch und durch veraltete Ausbildungssystem schon im Leben so vieler seiner Opfer angerichtet! Wenn wir einen Lernbehinderten noch einmal in dieselbe Klasse schikken, so erreichen wir damit gar nichts. Er wird im nächsten Jahr auch nicht plötzlich intelligenter. Das einzige, was sich ändert, ist seine Selbstachtung. Die nämlich bekommt einen Knacks, von dem er sich nur selten wieder ganz erholen wird. Der Lernbehinderte braucht die Hilfe seiner Eltern, um seine Kompensationsfähigkeiten entwickeln zu können, um die Überzeugung zu gewinnen, daß sein persönlicher Wert nicht vom Erfolg in der Schule abhängt.

5. Es gibt Situationen, da hilft nur noch ein Schulwechsel. Manche Pädagogen sind jedoch mit einem solchen Vorschlag äußerst zurückhaltend. Dabei ist ein Schulwechsel oft die einzige Möglichkeit, die dem Kind wirklich helfen kann. Die Schulen sind bezüglich ihrer Anforderungen unterschiedlich. Manche befinden sich in sozial höherstehenden Gebieten, wo die Mehrheit der Kinder überdurchschnittlich intelligent ist. An solchen Schulen liegt der IQ der Schüler im Durchschnitt zwischen 115 und 120. Was ist nun zu tun, wenn sich auf dieser Schule ein Kind befindet, dessen IQ niedriger ist? Während es an einer anderen Schule durchaus konkurrenzfähig gewesen wäre, rangiert es an der Einstein-Grundschule am Ende der Klasse. Es geht mir darum, zu verdeutlichen, daß Erfolg nichts Absolutes ist. Er ist relativ. Ein Kind fragt nicht: »Welche Fortschritte mache ich?« Es fragt vielmehr: »Wie bin ich im Vergleich zu den anderen?« Es hängt also sehr davon ab, wie hoch die Anforderungen an der jeweiligen Schule sind. Während der kleine Hans in der Einstein-Schule ständig gegen das Sitzenbleiben ankämpft, könnte er unter Umständen in einer anderen Schule zu den Besten zählen. Und in einer derartigen Situation erweist sich dann ein Schulwechsel als ausgesprochen heilsam.

Das Thema »Lernprobleme« ist viel zu umfangreich, als daß es in diesem kurzen Abschnitt erschöpfend hätte behandelt werden können. Wichtig ist mir aber, daß Sie den roten Faden erkennen, der sich durch die Erörterung dieses Problems zieht: Eltern sollten sich umfassend über die schulische Situation ihrer Kinder informieren und entsprechende Schritte unternehmen, wenn sie es für nötig halten. Das Ziel lautet: Ausschöpfung des vorhandenen Ausbildungspotentials, ohne die Selbstachtung zu opfern.

FRAGEN UND ANTWORTEN

1. *Haben lernbehinderte und geistig behinderte Kinder das gleiche Bedürfnis nach Selbstachtung wie andere auch?*

Manchmal wünsche ich mir, ich könnte diese Frage verneinen. Aber ihre Bedürfnisse sind leider überhaupt nicht anders als die der »normalen« Kinder. Während meiner Ausbildung im Pazifischen Staatskrankenhaus für geistig Behinderte in Pomona, Kalifornien, hat mich das gewaltige Bedürfnis nach Liebe mancher der Patienten tief beeindruckt. Zuweilen trat ich durch die Tür eines Kindersaals, und vierzig oder mehr schwer geistig behinderte Kinder stürzten auf mich zu und schrieen: »Papa! Papa! Papa!«. Sie klammerten sich an mich, und ich mußte schon sehr aufpassen, um nicht die Balance zu verlieren. Ihre übergroße Sehnsucht nach Liebe und Geborgenheit konnte trotz der außerordentlich hohen Qualität des Pazifischen Staatskrankenhauses einfach nicht befriedigt werden.

Dieses Bedürfnis nach Achtung und Liebe hat mich dazu veranlaßt, behinderte Kinder keinesfalls in gesonderten Klassenräumen zu unterrichten. Ich lasse sie vielmehr in den normalen Klassen, sorge aber dafür, daß sie besondere Unterstützung erfahren. Als »ein bißchen zurückgeblieben« zu gelten – das ist für einen Zehnjährigen nicht minder schmerzhaft, als es für Sie oder mich wäre.

2. *Was ist eigentlich von der Mengenlehre zu halten?*

Mit der Mengenlehre soll versucht werden, Kindern mathematische Zusammenhänge zu vermitteln, und zwar ohne sture Paukerei und monotones Auswendiglernen. Der Zweck dieser Methode besteht mit anderen Worten darin, Kindern zu helfen, die Bedeutung der Mathematik besser erfassen zu können. Ich habe entdeckt, daß diese Methode großartig ist für Kinder, die die Fähigkeit besitzen, ihre Prinzipien zu begreifen. Leider mangelt es aber in Amerika ungefähr der Hälfte aller Schüler an dieser Fähigkeit, die notwendig ist, um diese Art des abstrakten Denkens nachvollziehen zu können. Und um diese 50 Prozent mache ich mir Sorgen. Bei der herkömmlichen Methode lernten sie wenigstens noch die Grundbegriffe der Mathematik, wenn sie auch nicht alle verstanden.

Kurzum: Ich bejahe durchaus die Mengenlehre, wenn sie dazu dienen soll, unsere intelligenteren Schüler anzuspornen. Den weniger begabten Kindern aber müssen wir ein anderes Programm anbieten.

3. *Welche Rolle spielt die Intelligenz für die Selbstachtung Erwachsener? Neigen sie dazu, die Schwierigkeiten zu vergessen, mit denen sie während ihrer Schulzeit zu kämpfen hatten?*

Alles, was ich eben zur Selbstachtung bei Kindern gesagt habe, gilt genauso auch für Erwachsene. Wir haben doch alle mit Versagen und schlechten Leistungen zu tun gehabt. Nur ganz wenige sind völlig ungeschoren davongekommen. Außerdem werden wir auch als Erwachsene immer noch nach unserer Intelligenz beurteilt. Dr. Richard Herrnstein, ein Psychologe an der Harvard-Universität, prophezeit, daß den Amerikanern ein regelrechtes »IQ-Kastensystem« ins Haus steht. Er glaubt, die Menschen werden bald in feste, nach intellektuellen Maßstäben geschaffene Kategorien eingeteilt werden. Dr. Herrnsteins Prophezeiung gründet vor allem auf der Tatsache, daß die beiden wichtigsten sozialen Schranken, Rasse und Geschlecht, allmählich fallen. Mithin bleibe als Abgrenzungskriterium nur noch die Intelligenz. Ich bin mit Dr. Herrnstein nicht ganz einer Meinung.

Aber ich bin doch davon überzeugt, daß die Intelligenz für die Selbstachtung des Menschen in unserer technologischen Welt immer größere Bedeutung gewinnen wird.

Strategie Nr. 8

ACHTEN SIE DARAUF, DASS IHR KIND NICHT ZU ABHÄNGIG VON IHNEN IST

Nun wollen wir uns mit den Gefahren befassen, die dem Kind begegnen können, wenn es heranreift. Im Alter von ungefähr drei Jahren tritt Ihr Kleiner ganz bewußt in die Welt der Menschen ein. Er spielt mit den Kindern aus der Nachbarschaft in der Nähe Ihres Hauses. Bald werden Sie ihn in den Kindergarten bringen, und ein paar Jahre darauf schicken Sie ihn in die erste Schulklasse. Während seiner ersten Lebensjahre fiel es Ihnen nicht besonders schwer, darauf zu achten, daß sich Ihr Kind normal entwickelte. Jetzt aber wird es für die Mama wesentlich schwieriger, aufzupassen, daß ihr Sprößling nicht in die falschen Hände gerät. Andere Kinder könnten ihr Kind auslachen und verspotten, ganz zu schweigen von den vielen Unfallgefahren, die ihm drohen und die im schlimmsten Fall einen tödlichen Ausgang haben können. Diese Zeit des allmählichen Lösens von der mütterlichen Obhut erweist sich für eine Mutter oftmals als schwieriges Problem. Ihre natürliche Reaktion besteht darin, ihr Kind so lange wie möglich unter ihren Fittichen behalten zu wollen. Das kann ein Kind durchaus vor schmerzhaften Erfahrungen bewahren, die seine Eltern während ihrer Kindheitsjahre machen mußten. Aber der Wunsch einer Mutter, ihr Kind zu jeder Tages- und Nachtzeit in ihrer Nähe zu haben, es ständig beaufsichtigen und beschützen zu können, erweist sich nicht selten als Hindernis für die Entwicklung. Wenn wir wollen, daß sich unsere Kinder normal entwikkeln, daß sie die lebensnotwendigen Erfahrungen sammeln, so müssen wir bestimmte Risiken einfach in Kauf nehmen. Ein Kind wird nie das Laufen lernen, wenn es nicht ungezählte Male dabei auf die Nase gefallen ist. Derartige oftmals schmerzhafte Erfahrungen sind für die Entwicklung eines jungen Menschen nun einmal unverzichtbar.

Wahrscheinlich ist es wesentlich leichter, ein Kind so lange wie möglich in elterlicher Obhut zu behalten, als ihm das Recht einzuräumen, seine Erfahrungen selbst zu sammeln. Das fängt schon im Säuglingsalter an. Im Augenblick der Geburt ist ein kleines Kind vollkommen hilflos. Man vergißt oft, wie abhängig ein Säugling von uns Erwachsenen ist. Und das ist auch nur gut so. Eines Tages nämlich müssen wir uns ohnehin mit dem Gedanken vertraut machen, daß unser Kind auf eigenen Beinen stehen muß, wenn es mit den Gefahren des Lebens fertig werden will. Der Säugling aber ist noch völlig hilflos. Er kann sich nicht umdrehen, er kann sich nicht kratzen, er ist nicht fähig, seine Gedanken in Worte zu fassen. Folglich sind wir als Eltern dafür verantwortlich, daß seine Bedürfnisse befriedigt werden. Und wenn wir unserer Verantwortung einmal nicht schnell genug nachkommen, so wird uns das Baby mit lautem Geschrei zur Eile antreiben. »Bitte« und »danke« kann es noch nicht sagen. Es entschuldigt sich auch nicht etwa, wenn es uns sechsmal in einer Nacht aus dem Schlaf geschrieen hat. Es zeigt nicht die geringste Spur von Mitleid, wenn seine erschöpfte Mama morgens gegen 3.00 Uhr seine Windelhose zustecken will und sich dabei mit der Sicherheitsnadel in den Daumen sticht.

Etwa zwanzig Jahre später aber erwarten wir von diesem Menschen, daß er fähig ist, eigene Verantwortung zu tragen. Wir erwarten von ihm, daß er mit seinem Geld vorsichtig umgeht, daß er sich an seiner Arbeitsstelle bewährt, ein guter Ehemann wird, die Bedürfnisse seiner Familie erfüllt, daß er sich an Gesetz und Ordnung hält. Ein Mensch wird diese Aufgaben aber nur dann zufriedenstellend bewältigen können, wenn ihn die Entwicklung seiner Persönlichkeit in der Kindheit dazu fähig gemacht hat. Und nun muß zwangsläufig die Frage kommen: Wie macht man das? Wie bringt man einem jungen Menschen diese Fähigkeit bei? Was ist zu tun, um zu erreichen, daß sich ein total hilfloser Säugling im Laufe der Jahre in einen verantwortungsbewußten Menschen verwandelt? Die heutigen sogenannten Erziehungsexperten können uns auf diese Fragen kaum eine zufriedenstellende Antwort geben. Verantwortung und Disziplin – diese Begriffe werden von ihnen klein geschrieben.

Ich brauche wohl nicht mehr zu betonen, daß ich da entschieden anderer Meinung bin. Wir müssen Disziplin und Verantwortungsgefühl bei unseren Kindern regelrecht trainieren. Das bedeutet natürlich nicht, daß man ein Kind solange schlagen soll, bis es sich wie ein Erwachsener benimmt. Es bedeutet, daß wir ein Kind nach einem sehr sorgfältig erdachten Zeitplan langsam zu immer größerer Verantwortung hinführen, die seinem jeweiligen Alter entspricht. Bereits kurz nach der Geburt des Kindes kann die Mutter mit dieser Arbeit beginnen. So lernt das Kleine erst, die ganze Nacht über zu schlafen, dann darf es zum ersten Mal die Flasche allein halten, und schließlich weiß es, daß man seine Händchen nach den Dingen ausstrecken muß, die man haben will. Ganz allmählich werden dem Kind bestimmte Verantwortungen auf seine kleinen Schultern geladen. Später lernt es – hoffentlich recht bald! –, das Töpfchen zu benutzen, dann wagt es die ersten Schritte und lernt die ersten Worte. Und je weiter dieser Lernprozeß fortgeschritten ist, desto »befreiter« fühlt sich die Mutter.

Diese langsame Übertragung von Verantwortung auf das Kind verläuft normalerweise glatt, bis das Baby etwa achtzehn Monate alt ist. Zu diesem Zeitpunkt entdeckt es plötzlich zweierlei: 1) Arbeit ist etwas sehr Unangenehmes, das man um jeden Preis vermeiden sollte. 2) Mit jeder neuen Aufgabe, die es bewältigen muß, verliert es seine Mama ein bißchen mehr. Während sie ihm früher stets zur Verfügung stand, stiehlt sie sich jetzt immer öfter davon. Der Kleine muß seine Bauklötze jetzt allein aufheben – Mama macht das nicht mehr. Sogar waschen muß er sich selbst, ohne Mamas Hilfe. Und nun beginnt das Kind, sich nach der Aufmerksamkeit der Erwachsenen zu sehnen. Mama soll auch weiterhin dauernd für das Kind da sein. Und das erreicht man am besten, indem man die Mutter ständig »auf Trab« hält, indem man ihr keine ruhige Minute gönnt. Dann muß sie sich einfach um ihr Kleines kümmern! Natürlich macht sich das Kind diesen seinen Wunsch nicht rational bewußt. Aber jeder, der Kinder großgezogen hat, weiß, daß ich recht habe. Was nun folgt, könnte man als Tauziehen bezeichnen: Mama versucht, ihr Kind zu immer mehr Selbständigkeit zu erziehen; und der Junior seinerseits möchte sich seine unbekümmerten Babyjahre möglichst lange bewahren.

In dieser Situation nun entstehen die physischen und psychischen Gefahren, die ich schon erwähnt habe. Sie können eine Mutter dazu veranlassen, bei dem oben beschriebenen Tauziehen nachzugeben. Ihre Motivation ist durchaus einleuchtend: »Wenn er möglichst lange von mir abhängig ist, kann ich ihn vor der brutalen Wirklichkeit besser bewahren.« Sie verbietet ihm also, allein über die Straße zu gehen. Sie tut alles für ihn, verlangt von ihm aber nichts. Wenn er Krach mit seinen kleinen Freunden hat, so mischt sie fleißig mit. Dabei gibt sie ihm stets recht, auch wenn er sich noch so ungezogen und gemein benommen hat. Später nimmt sie ihren Sechsjährigen an die Hand und geht mit ihm zur Schule. Wehe der Lehrerin, die es wagen sollte, den Kleinen irgendwie grob zu behandeln! Sie haben wieder längst erkannt, worauf ich hinaus will: Diese Mutter behandelt ihr Kind immer noch als Baby, dem man jegliche Verantwortung abnehmen muß.

Für das Kind ist das natürlich alles andere als gut. Die Mutter meint es sicherlich ganz ehrlich. Aber dabei übersieht sie, daß sie der Entwicklung ihres Sprößlings einen Bärendienst erweist. Unter Umständen wird er noch als Zwanzigjähriger an ihrem Rockzipfel hängen. Als Zehnjähriger konnte er sich nicht zwingen, irgendeine komplizierte Schulaufgabe selbständig zu lösen. Mutti »half« ihm dabei. Er hatte nie gelernt, wie es ist, wenn man anderen etwas gibt. Immer nur hatte er an sich selbst gedacht. Selbstdisziplin war ein Fremdwort für ihn. Er war unfähig, Entscheidungen zu treffen. Als er dann in die harten Jahre der Adoleszenz kam, konnte er die vielen Probleme, die auf ihn einstürzten, nicht bewältigen. Seine Ehefrau wird es nicht leicht mit ihm haben!

Marguerite und Willard Beecher, zwei amerikanische Autoren, haben sich in einem hervorragenden Buch unter dem Titel »Parents on the Run« mit diesen Problemen auseinandergesetzt. Sie behaupten – und ich stimme damit voll überein –, daß die Eltern ihrem Kind gegenüber langsam von Verantwortung frei werden müssen, damit sich das Kind seinerseits »freischwimmen« kann. Wenn Sie Ihrem Kind nie zutrauen, daß es selbständig Entscheidungen treffen kann, so wird es immer auf Sie angewiesen sein. Sie werden stets die ganze Last der Verantwortung tragen müssen. Die Folge ist eine verhängnisvolle gegenseitige Abhängigkeit, die jede Entwicklung lähmt.

Vor kurzem kam eine Mutter zu mir, deren Mann gestorben war, als ihr Sohn David noch ein Baby war. Sie sah sich plötzlich vor die schwere Aufgabe gestellt, diesen Jungen ganz allein aufziehen zu müssen. Und David war der einzige Mensch auf der Welt, den sie wirklich liebte. Aber sie liebte ihn so sehr, daß sie ihm keine Freiheit mehr ließ, sich selbständig zu entfalten. Der Junge war sieben Jahre alt, als sie zu mir kam. Er hatte Angst, allein in seinem Zimmer zu schlafen. Wenn ein Babysitter kam, fing er regelmäßig an zu schreien. Mutti sollte dableiben! Noch nicht einmal in die Schule wollte er allein gehen. Seine Mutter mußte ihn anziehen und waschen. Er war immer noch ihr Baby. Natürlich war er auch jetzt wieder mitgekommen, als seine Mutter vor mir saß. Und natürlich gehorchte er nicht, als ich ihm sagte, er solle draußen im Wartezimmer bleiben, während ich mich mit seiner Mutter unterhielt. Er quengelte solange, bis die Mutter ihn hereinholte. Sie erklärte sich sein unerträgliches Benehmen damit, daß er Angst habe, sie könnte auch sterben, wie sein Vater. Folglich band sie ihn noch fester an sich, opferte sich ganz für ihn auf. Für Verabredungen war da kein Platz mehr. Die Frau war noch jung, aber an eine zweite Heirat war natürlich nicht zu denken. Wie auch hätte sie einen Mann kennenlernen sollen? Sie war ja dauernd mit David zusammen und umsorgte ihn. Diese Mutter hatte sich nicht die Freiheit von ihrem Kind genommen, die für ihr eigenes Leben als erwachsener Mensch so notwendig gewesen wäre.

Genießt Ihr Kind die Freiheit, Verantwortung zu tragen, die seinem Alter entspricht? Oder binden Sie das Kind genauso ängstlich an sich? Nehmen Sie ihm jede Arbeit ab, wenn es nur laut genug protestiert? Ich habe übrigens entdeckt, daß hinter einem solchen Abhängigkeitsverhältnis nicht unbedingt immer Liebe zum Kind stecken muß. Sehr oft binden Mütter ihre Kinder nur deshalb so fest an sich, weil sie ihre eigenen seelischen Bedürfnisse befriedigen wollen. Vielleicht ist ihre Ehe schon längst eintönig und höchst unromantisch geworden, und da bleibt eben nur noch das Kind als einzige wirkliche Quelle der Liebe. Zuweilen liegt es auch einfach daran, daß eine Frau kontaktarm ist, daß sie keine Freunde hat. Ihr einziger wirklicher Freund ist dann ihr kleines Kind. Sie tut also alles, was es von ihr verlangt. Indem sie sich selbst keine Freiheit gewährt, versagt sie auch dem

Kind die Freiheit zur Selbstentfaltung. Ich kannte solch ein »Mutter-Tochter-Team«, bei dem dieses unfreie Verhältnis gegenseitiger Abhängigkeit solange andauerte, bis die Mutter mit vierundneunzig Jahren starb. Die Tochter, damals zweiundsiebzig Jahre alt, war nun im Alter plötzlich ganz allein. Geheiratet hatte sie natürlich nicht. Nun war sie auf sich selbst angewiesen. Dieses bejammernswerte Menschenkind erfuhr im hohen Alter das, was normale Zeitgenossen schon während ihrer Adoleszenz durchmachen.

Damit ist auch schon angedeutet, daß sich die Pflicht der Eltern, dem Kind Verantwortung zu übertragen, nicht nur auf die frühen Kindheitsjahre beschränkt. Diese Aufgabe stellt sich für uns Eltern vielmehr solange, bis unsere Nachkommen erwachsen sind und auf eigenen Füßen im Leben stehen. Ich gebe Ihnen deshalb den dringenden Rat, diese elterliche Pflicht sehr ernst zu nehmen. Achten sie darauf, daß Sie Ihren Sohn oder Ihre Tochter nach und nach immer mehr mit den vielen Aufgaben vertraut machen, vor die sie im Leben gestellt werden. Nehmen wir ein Beispiel: Ein Siebenjähriger ist durchaus in der Lage, sich selbst auszusuchen, was er anziehen will. Sie können von ihm auch verlangen, daß er sein Zimmer sauber hält und morgens nach dem Aufstehen sein Bett macht. Einem Neun- oder Zehnjährigen können Sie schon etwas mehr zutrauen. Erlauben Sie ihm beispielsweise, sich ein – sehenswertes! – Fernsehprogramm auszusuchen.

Ich meine mit alledem nicht, daß wir unsere Kinder sich ganz und gar selbst überlassen, daß wir auf die elterliche Leitung völlig verzichten sollen. Ich will Ihnen vielmehr verdeutlichen, daß wir unseren Kindern langsam immer mehr Verantwortung übertragen müssen. Nur so können wir sie allmählich auf den Zeitpunkt vorbereiten, der eines Tages zwangsläufig kommen wird und in dem unsere Nachkommen plötzlich ganz auf sich selbst gestellt sein werden. Zu Ihrer Hilfe habe ich unten einen »Fahrplan« erstellt, der Ihnen diesen Vorgang des allmählichen Lösens der gegenseitigen Abhängigkeit zwischen Eltern und Kind vor Augen führen soll.

GEBURT
(Keine
Verantwortung)

- Schläft die ganze Nacht
- Hält die Flasche selbst
- Kann sich hinsetzen und kriechen
- Lernt laufen
- Gehorcht einfachen Anweisungen
- Benutzt das Töpfchen
- Hebt Spielzeug und Klötze auf

Das Tauziehen
während der
Kleinkindjahre

- Übernimmt leichte Aufgaben im Haushalt
- Füttert regelmäßig den Hund
- Bekommt Taschengeld
- Geht einkaufen
- Macht Hausaufgaben ohne Belohnung
- Wählt die eigene Kleidung aus
- Paßt auf den kleinen Bruder auf
- Hat die erste Verabredung
- Darf eine Stunde später nach Hause kommen
- Muß samstags regelmäßig etwas helfen
- Hat jetzt öfter Verabredungen
- Fährt mit dem eigenen Mofa
- Darf Geld selbständig ausgeben
- Darf abends so lange wegbleiben, wie es will
- Muß wichtige Entscheidungen selbst fällen
- Weitgehende Unabhängigkeit
- Verläßt das Elternhaus
- Endgültige Entlassung aus der elterlichen Verantwortung

(Kindheit)

Vollzug der
Übertragung

JUNGES
ERWACHSENENALTER
(Volle Verantwortung)

In diesem Zusammenhang möchte ich den christlich orientierten Eltern unter Ihnen noch etwas sagen. (Die anderen können ruhig weiterlesen, auch wenn sie sich vielleicht nicht immer angesprochen fühlen.) Ich habe beobachtet, daß sich gerade Eltern mit tiefen religiösen Überzeugungen außerordentlich schwer tun, wenn es darum geht, ihrem Kind die notwendigen Freiheiten zu gewähren. Christliche Familien sind sich sehr viel mehr der ungezählten Gefahren bewußt, denen ihr Kind mit zunehmender Freiheit und Unabhängigkeit ausgesetzt ist. Sie fürchten um Folgen eines vorehelichen Geschlechtsverkehrs ihres Kindes. Sie haben Angst, ihre Tochter könnte sich eines Tages mit einem ungläubigen Mann verheiraten und alle christlichen Grundsätze über Bord werfen. Für diese Eltern nun ist es ganz besonders wichtig, wie sie sich ihrem Kind gegenüber in seinen ersten achtzehn Jahren verhalten. Allzuviele Eltern binden deshalb ihre Kinder besonders fest an sich. Sie fordern unbedingten Gehorsam. Sie nehmen ihnen wichtige Entscheidungen ab und versuchen, sie in ganz bestimmte Verhaltensmuster – wenn nötig mit Gewalt – hineinzupressen. Aber damit erreichen wir nur das Gegenteil: Trotz und Opposition von seiten des Adoleszenten, der sich seine Unabhängigkeit erkämpfen will.

Neulich kam eine Mutter zu mir, die vor eben diesem Problem stand. Ihr zwanzigjähriger Sohn gehorchte ihr nicht mehr. Und dieser Konflikt machte sie im wahrsten Sinne des Wortes krank. Gegen ihren Willen hatte sich Paul ein Zimmer mit einem Freund zusammen gemietet. Die Mutter mochte diesen Freund nicht. Außerdem bekamen die beiden jungen Herren des öfteren Damenbesuch. Vom christlichen Glauben hielt Paul immer weniger. Christliche Moralvorstellungen fand er höchst unsinnig.

»Was soll ich bloß tun, um meinen Jungen wieder auf den rechten Weg zu führen?« fragte sie mich.

Ich antwortete ihr, daß sie gar nichts unternehmen solle. Es war einfach nicht mehr ihre Aufgabe, sich um das Leben ihres Sohnes zu kümmern. Sie hatte ihre Aufgabe als Mutter zwanzig Jahre lang erfüllt. Paul mußte jetzt selbst wissen, was er tat. Ich sagte dieser Mutter auch, daß alles Nörgeln und Bitten mit Sicherheit nichts nützen würde. Im Gegenteil: Ihr Sohn würde sich ihr nur noch mehr entfremden. Er würde sich über sie nur ärgern.

Ich schlug der Frau vor, sich hinzusetzen und ihrem Sohn einen liebevollen Brief zu schreiben, in dem sie ihm mitteilen sollte, sie wolle ihm nun endgültig das Recht einräumen, seine Entscheidungen völlig selbständig zu treffen.

Ein paar Tage später kam sie mit dem Entwurf eines Briefes zu mir. Als ich ihn durchlas, merkte ich, daß sie noch nicht verstanden hatte, was ich von ihr wollte. Hinter jeder Zeile dieses Briefes stand eine ganze Moralpredigt. Sie warnte ihren Jungen vor der Zukunft und versuchte, den ungeratenen Sohn zur Vernunft zu bringen. Dieser Brief war völlig unbrauchbar. Änderungen hätten nichts genutzt, deshalb schrieb ich einen Brief für sie. Und den schickte sie dann an Paul.

Lieber Paul!

Dies ist der wichtigste Brief, den ich Dir jemals geschrieben habe. Ich hoffe, du nimmst ihn so ernst, wie er gemeint ist. Ich habe lange um die richtige Entscheidung gebetet, und nun glaube ich, daß ich sie gefunden habe.

In den vergangenen Jahren hat es zwischen uns beiden nicht richtig gestimmt. Du hast alles versucht, um Dich von mir zu lösen. Ich habe alles darangesetzt, um Dich nicht zu verlieren. Du erinnerst Dich bestimmt noch sehr gut an meine vielen Ratschläge: Geh in die Kirche, suche Dir die richtigen Freunde, sei fleißig in der Schule, führe ein christliches Leben usw. Du hast diese vielen Ratschläge sicherlich so langsam satt. Aber ich habe nur Dein Bestes gewollt, und da sah ich eben keine andere Möglichkeit, um Dich vor den Fehlern zu bewahren, die so viele andere begangen haben.

Während der letzten Wochen habe ich aber darüber nachgedacht. Ich bin zu dem Schluß gekommen, daß Du mich jetzt nicht mehr brauchst. Meine Aufgabe als Mutter ist jetzt vorbei. Seit dem Tag Deiner Geburt habe ich mir Mühe gegeben, das Richtige für Dich zu tun. Dabei habe ich allerdings nicht immer Erfolg gehabt – ich habe viele Fehler gemacht. Aber eines Tages wirst auch Du merken, wie schwierig es ist, seine Kinder richtig zu erziehen. Vielleicht wirst Du mich dann besser verstehen. Aber es gibt etwas, da habe ich nie Schwierigkeiten gehabt: Ich habe Dich immer von ganzem Herzen geliebt. Und ich liebe Dich immer noch. Diese Liebe wird auch in Zukunft nicht nachlassen, obwohl sich mit diesem Brief sicher vieles zwischen uns ändern wird. Von jetzt an bist Du frei! Du darfst an Gott glauben, Du darfst diesen Glauben aber auch über Bord werfen. Diese Entscheidung liegt jetzt allein bei Dir. Du kannst heiraten, wen Du willst. Ich werde Dir keine Schwierigkeiten mehr machen. Du darfst auch studieren, wo Du willst. Du bist jetzt allein für Dein Leben verantwortlich. Die Nabelschnur zwischen Dir und mir ist endgültig durchgetrennt.

Ich schreibe Dir das alles nicht etwa aus Bitterkeit oder Enttäuschung. Ich mache mir immer noch Sorgen um Dich. Ich will immer noch Dein Bestes. Ich werde täglich für Dich beten, und wenn Du meinen Rat brauchst, so bin ich immer für Dich da. Aber die Verantwortung für Dein Leben ruht jetzt ganz allein auf Deinen Schultern. Du bist ein Mann, und Du hast das Recht, Deine eigenen Entscheidungen zu treffen – egal, was dabei herauskommt. Ich habe stets versucht, Dir eine Wertgrundlage zu vermitteln, die Dir eines Tages im Leben würde helfen können. Jetzt ist der Zeitpunkt gekommen, wo sich herausstellen muß, ob ich das Richtige getan habe.

Ich habe zu Dir Vertrauen, mein lieber Paul. Du bist begabt und hast schon so oft Gottes Segen erfahren. Ich glaube fest daran, daß Gott Dir auch weiterhin zur Seite stehen wird. Deshalb bin ich recht optimistisch, was Deine Zukunft anbelangt. Aber was die Zukunft auch bringen mag: Ich habe Dich immer von ganzem Herzen lieb.

Deine Mutter

Irgenwann kommt für alle Eltern der Zeitpunkt, in dem sie so zu ihrem Kind reden müssen. Wir haben achtzehn bis zwanzig Jahre Zeit gehabt, um aus unserem Kind einen aufrichtigen und verantwortungsbewußten Menschen zu machen. Nun aber müssen wir uns zurückziehen und ganz auf die göttliche Leitung vertrauen. Erstaunlicherweise sind für einen jungen Menschen die Chancen, richtige Entscheidungen zu fällen, erheblich größer, wenn er nicht noch als Erwachsener um seine Unabhängigkeit ringen muß.

Die Geschichte vom verlorenen Sohn im Lukas-Evangelium kann uns hier als wunderbares Beispiel dienen. Der Vater wußte ganz genau, daß sein Sohn das Geld verschwenden und mit Prostituierten durchbringen würde. Er wußte, daß sich der Junge unter Umständen ruinieren konnte. Und doch stellte er sich ihm nicht in den Weg, als er das Elternhaus verlassen wollte. Er verurteilte ihn noch nicht einmal. Er kam ihm allerdings auch nicht zu Hilfe, als der Sohn fernab von zu Hause in der Gosse gelandet war. Die Liebe, die der Vater diesem Jungen noch bei seinem Abschied bewies, ermöglichte dem Sohn die Rückkehr, als er sein junges Leben schon fast verpfuscht hatte. Ein besseres Beispiel als das jenes liebevollen Vaters gibt es wirklich nicht!

Zusammenfassend ist also zu sagen: Unsere letzte Aufgabe beim Aufbau der Selbstachtung unserer Kinder besteht darin, daß wir ihnen die Verantwortung für ihr Leben übertragen. Diese Aufgabe ist nicht leicht. Aber wir müssen sie bewältigen, wenn wir gute Eltern sein wollen.

FRAGEN UND ANTWORTEN

1. *Woran erkennt man bei Kindern den Unterschied zwischen unreifem und ungezogenem Verhalten? Warum ist diese Unterscheidung für uns Eltern so wichtig?*

Sie ist deshalb so wichtig, weil sie entscheidet, wie wir Eltern reagieren müssen. Nehmen wir einmal an, Ihr kleiner Sohn kippt bei Tisch sein Milchglas um. Er wollte das nicht, es passierte ihm nur aus Versehen. Oder er läßt sein Fahrrad draußen im Regen und verliert seine Schulbücher. Diese Fehler resultieren aus der kindlichen Unreife. Meiner Ansicht nach wäre es falsch, ein Kind nur deshalb zu bestrafen, weil es ein Kind und deshalb in vielen Dingen noch sehr unreif ist. Sie können Ihrem Sohn bestimmte Arbeiten auftragen, damit der angerichtete Schaden wieder repariert wird. Sie können ihm das Fahrrad für einige Zeit wegnehmen, weil er es im Regen hat stehen lassen. Aber Sie dürfen Ihr Kind für solche falschen Verhaltensweisen nicht schlagen, außer wenn es sich um Fälle handelt, die extrem gefährlich sind (Unachtsamkeit auf der Straße, Durchsuchen des Arzneischranks usw.).

Etwas anderes ist es, wenn das Kind ungezogen ist, wenn es sich halsstarrig und eigenwillig beträgt. Hier weiß es ganz genau, daß es falsch handelt. Deshalb ist in diesen Situationen sofortige Disziplinierung erforderlich.

Nehmen wir ein Beispiel. Als meine Tochter fünf Jahre alt war, bekam sie zu Weihnachten einen Goldhamster geschenkt. Sie freute sich riesig. Ich merkte aber sofort, daß ihr noch die nötige Reife fehlte, um mit dem kleinen kuscheligen Geschöpf richtig umzugehen. Immer wieder mußte ich ihr sagen, daß sie die Tür des Käfigs nicht offenstehen lassen durfte, daß sie ihrem Tierchen genügend Futter und Wasser geben sollte. Aber alle Worte halfen nichts. Und dann hatten wir die Bescherung: Als ich eines Tages nach Hause kam, merkte ich, daß meine Tochter völlig verweint aussah. Sie hatte wieder einmal die Tür des Käfigs offen gelassen, und unser Dackel Siggie ließ sich diese Gelegenheit natürlich nicht entgehen. So war es denn um den schönen Goldhamster geschehen. Danae war untröstlich, als sie den steifen und blutbefleckten Körper neben dem Käfig liegen sah.

Was sollte ich nun tun? Schließlich hatte ich ihr immer wieder gesagt, sie solle sich um den Hamster kümmern. Aber sie hatte nicht gehorcht. Trotzdem wäre es falsch gewesen, wenn ich sie nun auch noch bestraft hätte. Ich nahm sie in meine Arme und tröstete sie, bis das Weinen aufhörte. Dann sagte ich ihr: »Danae, ich habe dir doch gesagt, daß du dich immer um deinen Hamster kümmern solltest. Aber du hast immer an etwas anderes gedacht, und nun ist er tot. Ich bin dir nicht böse, denn du hast dich nur wie ein Kind benommen, und ich kann dich nicht deshalb bestrafen, weil du ein Kind bist. Aber ich möchte, daß du etwas verstehst: Ich habe dir nur deshalb immer wieder gesagt, daß du dich um deinen Hamster kümmern sollst, um dir den Kummer zu ersparen, den du jetzt hast. Ich werde dir noch öfter Dinge sagen, um dir Kummer und Tränen zu ersparen. Ich bin doch dein Freund, und wenn ich dir sage, daß du etwas tun sollst, dann doch nur, weil ich dich lieb habe und nicht will, daß meine Kleine unglücklich ist. Wenn du das nächste Mal auf mich hörst, wird so etwas Trauriges wie heute so schnell nicht wieder passieren.«

Nur diese Worte waren eine angemessene Reaktion auf Danaes Verhalten. Sie hatte sich ja nicht absichtlich ungezogen benommen, und deshalb wäre Strafe hier völlig unangebracht gewesen.

2. *Wie kann ich meinem Vierzehnjährigen beibringen, daß man mit Geld vorsichtig umgehen muß?*

Eine gute Methode wäre, ihm eine bestimmte Summe Geld zu geben und es ihn dann selbständig verwalten zu lassen. Geben Sie ihm das Geld für die Busfahrkarte. Wenn er es für etwas anderes ausgibt, so muß er eben mit dem Fahrrad zur Schule fahren. Wenn er später als Erwachsener sein Geld für irgendwelche nutzlosen Dinge zum Fenster hinauswirft, so wird auch niemand da sein, der seine leere Geldbörse wieder auffüllt. So sieht nun einmal die Wirklichkeit aus. Es ist deshalb außerordentlich wichtig, daß unsere Kinder schon frühzeitig lernen, mit ihrem Geld vorsichtig umzugehen.

Die eben erwähnte Methode hat allerdings nicht immer Erfolg. Ich kenne zum Beispiel einen Arzt, der seinen vier Töchtern in jedem Jahr eine bestimmte Summe Geld für Kleider gibt. Er begann damit, als die Mädchen zwölf Jahre alt wurden. Es lag dann allein in der Verantwortung der jungen Damen, wie sie ihr Geld einteilten und welche Kleidung sie das ganze Jahr über trugen. Als nun aber die jüngste Tochter zwölf wurde, stellte sich heraus, daß sie dieser Aufgabe noch nicht gewachsen war. Zu ihrem zwölften Geburtstag kaufte sie sich erst einmal einen teuren Mantel. Damit war bereits ein Großteil ihres Kleidergeldes verbraucht. Kurze Zeit später hatte sie auch den Rest durchgebracht. In den noch verbleibenden Monaten des Jahres lief sie dann mit zerrissenen Strümpfen und ausgefransten Röcken herum. Es fiel den Eltern schwer, nichts dagegen zu unternehmen. Aber sie brachten dann doch den Mut auf, um dem Kind seine Lektion zu erteilen, was immer die Nachbarn auch denken mochten.

Vielleicht hat Ihr Sohn bisher nicht erkannt, daß man mit dem Geld vorsichtig umgehen muß, weil es für ihn allzu leicht erhältlich war. Alles, was reichlich vorhanden ist, verliert für uns sehr schnell seinen Wert. Ich schlage Ihnen deshalb vor, daß Sie Ihren Sohn ein wenig kürzer halten, was das Geld anbelangt.

3. *Wir haben einen achtjährigen Sohn, der grenzenlos faul und unordentlich ist. Sein Zimmer sieht immer aus wie nach einem Sturmangriff. Er kann stundenlang vor seinem Heft sitzen, ohne die gestellte Aufgabe auch nur zu überdenken, geschweige denn sie zu lösen. Was sollen wir tun, um ihm mehr Verantwortungsbewußtsein beizubringen?*

Ihr Sohn dürfte kaum ein Ausnahmefall sein. Seine kleinen Freunde sind mit Sicherheit nicht minder faul und unordentlich. Trotzdem können Sie etwas tun, um ihm Selbstdisziplin beizubringen. Ich schlage Ihnen folgenden Plan vor:

1. Setzen Sie sich gleich morgen früh mit ihm hin und erklären Sie ihm, daß Sie ihm nun endlich beibringen werden, wie man arbeitet. Sagen Sie ihm, daß das zu Ihren elterlichen Pflichten gehört. Vielleicht lesen Sie ihm Sprüche 6, 6 bis 11 vor, wo der Wert der Arbeit beschrieben wird.

2. Gehen Sie dann mit ihm in seinen »Schweinestall« und zeigen Sie ihm, wie katastrophal es da aussieht. Hüten Sie sich bei dieser »Unterredung« aber davor, ihm irgendwelche Vorwürfe zu machen. Sagen Sie ihm nur, daß es nun an der Zeit ist, etwas Neues zu lernen.

3. Schreiben Sie das, was er täglich zu erledigen hat, auf eine Liste. Hängen Sie diese Liste dann gut sichtbar in seinem Zimmer auf. Lassen sie keinen Zweifel daran, was Sie von ihm erwarten. Lassen Sie ihn sich die Aufgaben aussuchen, die er übernehmen will. Mindestens eine Stunde Arbeit sollte täglich dabei herauskommen.

4. Damit Sie Erfolg haben, müssen Sie alles ausnutzen, was ihn motivieren könnte. Geben Sie ihm etwas, wenn er seine Arbeit zufriedenstellend erledigt; nehmen Sie ihm etwas, wenn er nachlässig und schlampig war. Je größer die Entfernung zwischen diesen beiden Alternativen ist, desto eher wird Ihr Filius bereit sein, seine Aufgaben ordentlich zu erledigen. Vielleicht versuchen Sie es einmal mit einem »Thermometer«, wie ich es unten abgebildet habe. Auf der linken Seite steht der Betrag, den er für seine Arbeit bekommt. Sie können dort eine Summe einsetzen, die dem Alter Ihres Kindes entspricht. Auf der rechten Seite steht die Anzahl der Stunden, die er arbeiten muß, um an das Geld heranzukommen. Ihr Sohn kann dann jeden Tag das Thermometer mit einem roten Filzstift ein wenig mehr ausfüllen, bis er schließlich ein bestimmtes Ziel erreicht hat, sei es nun eine Schallplatte, Fußballschuhe oder was auch immer einem Jungen Freude bereitet.

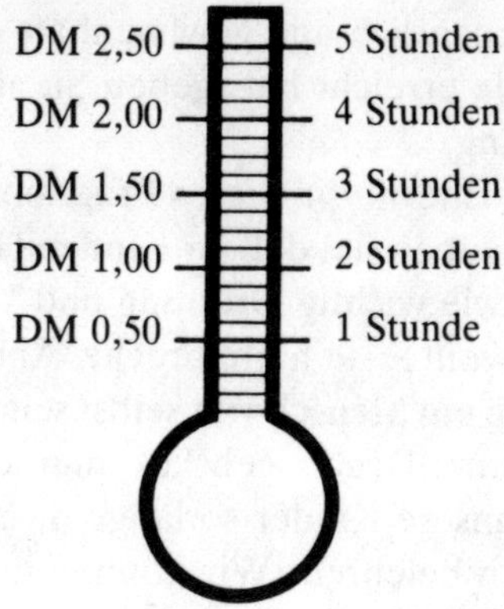

Bei vielen Kindern muß allerdings noch etwas hinzukommen. Oft genügt es nicht, dem Kind freizustellen, ob es arbeiten will. Viele unserer Sprößlinge lehnen dieses Angebot freundlich, aber bestimmt ab, auch wenn noch so verlockende Belohnungen damit verbunden sind. Dann müssen Sie Ihrem Kind klarmachen, daß es sein Thermometer ausfüllen *muß*. Nehmen Sie sich Ihren Sohn vor und sagen Sie zu ihm: »Ich habe dir diesen Thermometer-Plan gegeben, damit du mehr Freude an der Arbeit hast. Über eines aber mußt du dir im klaren sein: Ich werde dir das Arbeiten beibringen! Ich rate dir deshalb, mein Angebot anzunehmen. Deine Samstage sind frei. An diesen Tagen brauchst du nicht zu arbeiten, solange du an den übrigen Tagen der Woche – außer Sonntag natürlich – deine Aufgaben ordentlich erledigst. Wenn du das nicht tust, ist der freie Samstag allerdings flöten. Du mußt jeden Tag mindestens eine Stunde lang arbeiten. Wenn du das nicht tust, wird dir vom Samstag nicht viel übrigbleiben, denn dann mußt du samstags fünf Stunden lang arbeiten. Es liegt ganz bei dir, wie du dir deine Arbeit einteilst.«

Drei Faktoren sind notwendig, damit dieses System seine Wirkung hat. Fehlt einer dieser drei Faktoren, so hat das ganze keinen Sinn. 1) Nörgeln Sie an Ihrem Kind nicht herum. Die Verantwortung liegt bei ihm, nicht bei Ihnen. Sie können Ihren Sohn höchstens von Zeit zu Zeit an das erinnern, was Sie ihm zu Anfang gesagt haben. 2) Wenn er faul und nachlässig ist – bleiben Sie hart, was den Samstag anbelangt! Ihr Sohn muß merken, daß Sie es ernst meinen. Wenn Sie an diesem Punkt auch nur ein einziges Mal nachgeben, haben Sie das Spiel schon verloren.

3) Wenn er dann ordentlich und gewissenhaft gearbeitet und das »Thermometer-Ziel« erreicht hat, geben Sie ihm sofort die versprochene Belohnung.

Vielleicht gibt es Eltern, die dieses Programm nicht für richtig halten. Vielleicht glauben sie, daß ihr Kind mit der Zeit schon von selbst lernen wird, wie wichtig Ordnung und Verantwortungsbewußtsein sind. Ich wollte, sie hätten recht. Aber leider ist es nun einmal so, daß kaum ein Mensch von selbst seine Liebe zur Arbeit entdeckt. Ganz ohne Druck geht es nun einmal nicht. Die Wahrheit ist, daß unsere Kinder so lange nichts tun, wie wir sie nicht eines Besseren belehren. Wir können unsere Kinder nicht einfach sich selbst überlassen. Von allein werden sie nie lernen, Verantwortung zu tragen.

Strategie Nr. 9

BEREITEN SIE DAS KIND AUF DIE ADOLESZENZ VOR

Jetzt kommen wir zu einem Problem, das uns wohl die meisten Kopfschmerzen bereitet: die Adoleszenz. Sowohl für die Kinder als auch für uns Erwachsene bringen diese Jahre die größten Schwierigkeiten mit sich. Viele Eltern wußten hier in ihrer Verzweiflung nicht mehr ein noch aus. Sie wurden von den ungezählten Problemen »fertiggemacht«. Damit Sie diese Entwicklungsphase Ihrer Kinder besser überstehen, habe ich dieses Kapitel geschrieben. Eines nämlich steht nach meinem Dafürhalten fest: Es gibt Methoden, um mit den Schwierigkeiten der Adoleszenz fertigzuwerden.

Die Jahre der Adoleszenz sind für unsere Nachkommen deshalb so problematisch und oftmals schmerzhaft, weil sie gar nicht richtig verstehen, was eigentlich mit ihnen passiert. Viele ihrer Ängste und Sorgen kann man jedoch von vornherein vermeiden, wenn man nur den richtigen Weg beschreitet. Seit langem schon versuche ich, Eltern davon zu überzeugen, wie unendlich wichtig es ist, daß sie ihr Kind auf diese unruhigen Jahre seiner Entwicklung sorgfältig vorbereiten. Wenn Ihr Sohn oder Ihre Tochter zehn oder elf Jahre alt ist, sollten Sie sich einmal einen ganzen Tag

Zeit nehmen, um mit Ihrem Kind in aller Ruhe die Probleme durchzusprechen, die jetzt kommen werden. Am besten eignet sich für ein solches Gespräch irgendein Wochenendausflug in ein nahegelegenes Erholungsgebiet, wo Sie ungestört sind. Des weiteren hat sich immer wieder gezeigt, daß der beste Gesprächspartner für den Sohn der Vater, für die Tochter aber die Mutter ist. In dieser ruhigen und entkrampften Atmosphäre können Sie dann in aller Ruhe mit Ihrer Arbeit beginnen. Es geht bei diesen Gesprächen um sehr viel mehr als um einen biologischen Exkurs über die Fortpflanzungstechnik der Bienen. Was den Geschlechtsverkehr anbelangt, so dürfte Ihr Kind ohnehin schon durch seine Altersgenossen reichliche Informationen zugespielt bekommen haben. Für Sie geht es also um etwas anderes. Sie müssen Ihr Kind in diesen Gesprächen sorgfältig auf die vielen physischen und psychischen Umwälzungen vorbereiten, denen es in nächster Zeit ausgesetzt sein wird.

Ich empfehle Ihnen, sich über dieses Wochenende ausführliche Notizen anzufertigen. Bereiten Sie sich auf dieses Gespräch sorgfältig vor. Notieren Sie sich die Punkte, die Sie für wichtig erachten. Da wäre zum Beispiel die Tatsache, daß sich im Körper Ihres Kindes in den nächsten Jahren vieles grundlegend verändern wird. Erklären Sie dem Kind, welche Spannungen und oftmals schmerzhaften Erfahrungen damit unweigerlich verbunden sein werden. Bereiten Sie Ihren Sohn darauf vor, daß es wahrscheinlich zu Differenzen mit der älteren Generation kommen wird. Sagen Sie Ihrer Tochter, daß dieser gesamte Entwicklungsprozeß letztlich nur dazu beitragen wird, sie erwachsen und verantwortungsbewußt werden zu lassen. Fertigen Sie sich auch eine Liste an, auf der Sie die Punkte notieren, die sich mit verkehrten Auffassungen unserer Teenager beschäftigen. Machen Sie dem Kind klar, daß es Zeiten geben wird, in denen es sich minderwertig und überflüssig vorkommen wird. Besprechen Sie auch, zu welchem Beruf Ihr Kind einmal neigen, auf welchem Gebiet sein Interesse in beruflicher Hinsicht liegen könnte.

An vieles wird sich das Kind später gar nicht mehr erinnern. Deshalb ist es so wichtig, daß Sie sich über dieses Gespräch Notizen machen, die Sie sorgfältig aufbewahren. Eines Tages nämlich könnte Ihnen dieses »Protokoll« einmal von unschätzbarem Nutzen sein. Wenn Ihr Sprößling nämlich einige Jahre später entmutigt und beunruhigt ist, wenn man ihm den Liebeskummer ansieht, wenn er sich einsam und minderwertig fühlt, dann holen Sie Ihre Notizen hervor. Besprechen Sie dann nochmals in aller Ruhe, worüber Sie sich schon früher auf dem Ausflug unterhalten hatten. Dann gehen Sie mit Ihrem Kind diese Liste noch einmal Punkt für Punkt durch. Sie können ihm dann sagen: »Siehst du, wir haben das damals alles schon ausführlich besprochen. Ich habe dich ja damals schon auf das vorbereitet, was du jetzt erlebst und durchmachst. Das ist alles ganz normal. Wir alle haben damit zu tun gehabt.« Und dann fahren Sie fort: »Mach dir nur keine unnötigen Sorgen. Das wird sich alles eines Tages einrenken. Dann hast du diese schwierige Zeit hinter dir.«

Ich möchte, daß Sie folgendes verstehen: Wenn die vielen schweren Prüfungen der Adoleszenz von dem Jugendlichen nur als vorübergehende Phase gewertet werden, so wird er wesentlich leichter mit ihnen fertig, sein Kummer wird bei ihm keine bleibenden Narben hinterlassen. Normalerweise aber liegt der junge Mensch in diesen Jahren von Zeit zu Zeit immer wieder psychisch völlig am Boden: »Aus mir wird nie etwas. Es gibt keinen Ausweg, niemand versteht mich.« Sie können als Elternteil sehr viel tun, um diese Gedanken zu vertreiben.

Mein Rat, mit dem Kind einen Tag lang alle wichtigen Probleme der Adoleszenz durchzusprechen, hat allerdings einen Haken. Bevor nämlich die Eltern ihr Kind auf diese Probleme vorbereiten können, müssen sie sie erst einmal selbst verstehen. Bisher war es immer so, daß mich die Eltern, denen ich dieses Programm vorgeschlagen hatte, um mehr Information baten. Im folgenden Abschnitt will ich dieser Bitte nochmals in aller Ausführlichkeit nachkommen. Wenn Sie es für richtig halten, können Sie Ihrem Kind vielleicht sogar einiges davon vorlesen. Sie können meine Empfehlungen aber natürlich auch nur als Basis benutzen, auf der Sie Ihre eigene Methode errichten.

WAS IST DIE ADOLESZENZ?

Wir kennen alle diesen Begriff, aber häufig wird seine Bedeutung nicht richtig verstanden. Hier müssen wir zunächst sehr genau trennen zwischen *»Pubertät«* und *»Adoleszenz«*. Pubertät bezeichnet den sexuellen Reifeprozeß im Leben eines Menschen. Adoleszenz hingegen ist ein *kultureller Begriff*. Er bezeichnet die Zeitspanne zwischen Kindheit und Erwachsensein in einer bestimmten Gesellschaft. Es geht dabei also um den Lebensabschnitt, in dem ein Mensch weder die Vorrechte der Kindheit noch die Freiheit der Erwachsenen genießen kann.

Der Zeitraum, auf den sich die Adoleszenz erstreckt, ist in den einzelnen Kulturen höchst unterschiedlich. Manche Eingeborenenstämme zum Beispiel kennen diese Phase menschlicher Entwicklung überhaupt nicht. Bei ihnen wird das Kind an einem Tage noch als solches behandelt – es darf unbekümmert spielen und hat sich den Wünschen der Erwachsenen zu fügen. Einen Tag später schon macht es dann die traditionellen Riten der Pubertät durch – es verbringt zum Beispiel eine Nacht ganz allein im Wald, um irgendein mythisches Tier zu jagen. Wenn es dann nach Hause kommt, ist es ein fertiger Erwachsener, der an Kämpfen teilnimmt, der arbeiten muß und der dieselbe Achtung genießt wie alle anderen Erwachsenen auch. Von einer allmählichen Übergangsphase kann hier also keine Rede sein.

Im Vergleich dazu haben wir in unserer westlichen Welt die längste Adoleszenz-Phase, die es in der menschlichen Geschichte je gegeben hat. Und in dieser Tatsache liegen auch viele der damit verbundenen Probleme begründet. Während eines unerträglich langen Zeitraums genießen unsere Kinder keinerlei Rang und Achtung. Sie ärgern sich über ihre Lage, und ich kann sie sehr gut verstehen. Dem Fünfzehnjährigen ist alles verboten, was die Erwachsenen tun. Er darf nicht mit dem Auto fahren. Er darf noch nicht heiraten. Er darf ohne Mitwirkung seiner Eltern keine Verträge schließen. Er darf keine eigenen Entscheidungen treffen. Er hat kein Wahlrecht. Vor allem aber: Seine sexuellen Bedürfnisse bleiben in dieser Phase grundlegender körperlicher und seelischer Umwälzungen unbefriedigt. Ihm bleibt nur, weiter zur Schule zu gehen, ob er will oder nicht. Wir als Erwachsene wissen zwar, daß dies nur zu seinem Besten geschieht. Aber unserem Teenager leuchtet das gar nicht ein.

Gewöhnlich dauert dieses Übergangsalter so lange, wie der junge Mensch finanziell von seinen Eltern abhängig ist. So nimmt es denn auch nicht Wunder, daß zuweilen noch Fünfundzwanzigjährige nicht richtig erwachsen sind, weil sie als Studenten immer noch auf Vaters Geldbeutel angewiesen sind. Normalerweise aber dauert die Adoleszenz von dreizehn bis einundzwanzig. (Natürlich findet sie ein früheres Ende, wenn der junge Mensch zeitig heiratet.) Neun Jahre – das ist eine lange Zeit, wenn man bedenkt, daß unsere Kinder in dieser Phase ihres Lebens noch weitgehend abhängig von uns Erwachsenen sind. Diese Abhängigkeit auch ist es, die ihre Auflehnung gegen die Welt der »Großen« hervorruft. Da ich weiß, daß sich Adoleszente über ihren niedrigen Rang in der Welt der Erwachsenen ärgern, möchte ich den Eltern eines Teenagers einen wichtigen Rat geben: Behandeln Sie Ihr Kind als vollwertigen Menschen! Akzeptieren Sie es mit allen seinen Fehlern und Schwächen! Das heißt natürlich nicht, daß Sie leisetreten sollen, wenn sich Ihr Sprößling Ihnen gegenüber unverschämt und aufreizend benimmt. Sie können einem Kind auch dann noch die nötige Achtung bezeugen, wenn Strafe angebracht ist. Während meiner Jahre als Lehrer – zuweilen hatte ich pro Tag 255 Teenager zu unterrichten – machte ich die Erfahrung, daß sich Jugendliche mit allen möglichen Einschränkungen abfinden, wenn man nur ihr Ego nicht antastet. Wenn Sie ein Kind aber mit offener Ablehnung behandeln, brauchen Sie sich nicht zu wundern, wenn es zornig und gereizt reagiert. Ein großer Teil des Konfliktes zwischen den Generationen könnte vermieden werden, wenn man sich gegenseitig mit mehr Achtung behandeln würde.

Wenden wir uns nun den anderen Themen zu, die Sie in den Monaten vor Beginn der Adoleszenz mit Ihrem Kind durchsprechen müssen.

Die Adoleszenz ist eine Phase rascher, oftmals dramatischer Veränderungen. Jedes Kind sollte rechtzeitig über diese Veränderungen unterrichtet werden, die es bald an seinem eigenen Körper feststellen wird. Wer sich als Erwachsener je Sorgen über irgendeine merkwürdige Geschwulst an seinem Körper gemacht hat, wer wegen irgendeines merkwürdigen Symptoms jemals keinen Schlaf gefunden hat, der wird sich auch in die Gefühle unserer Adoleszenten hineinversetzen können. Alles gerät plötzlich durcheinander. Ich habe die Beobachtung gemacht, daß man – stark vergröbert – unsere Adoleszenten und ihre Sorgen in zwei Kategoreien einteilen kann: 1) Die eine Gruppe wußte nicht, daß diese physischen Veränderungen kommen würden, und das machte sie krank; 2) die andere Gruppe wußte zwar, daß sich an ihrem Körper etwas verändern würde, aber die jungen Menschen sind besorgt, weil sich diese Veränderungen verspätet einstellen. Ob Ihr Kind nun seine Sorgen und Nöte offen ausspricht – in jedem Fall lebt es in ständiger Spannung und stellt sich Dutzende von Fragen: Bedeuten diese Schmerzen in meinen Brüsten, daß ich Krebs habe? Warum bloß fühle ich mich dauernd so müde? Die anderen Jungs haben unten schon Haare; warum habe ich noch keine? Bin ich normal? Was bedeuten diese Krämpfe im Magen? Warum wächst mir noch immer kein Bart? Wann komme ich denn endlich in den Stimmbruch? Diese Zweifel und Befürchtungen sind endlos. Und doch können sie durch sorgfältige Aufklärung seitens der Eltern ausgeräumt werden. Folgende Themen sollten Sie meiner Ansicht nach mit Ihrem Kind in aller Ruhe durchsprechen:

1. Der Adoleszente wird schnell wachsen, was eine Zeitlang seine gesamte Kraft und Energie in Anspruch nehmen wird. Der Teenager braucht in dieser Phase wesentlich mehr Schlaf und Nahrung als früher.

2. Sagen Sie Ihrem Kind, daß sein Körper schon bald ausgewachsen sein wird. Seine Geschlechtsorgane werden sich entwikkeln, die Schamhaare werden mit der Zeit schon kommen. (Ihren Jungs müssen Sie vor allem eines sagen: Die Größe des Penis hat keinerlei physische Bedeutung. Viele Jungs machen sich Sorgen, weil ihr Organ zu klein ist. Aber das hat nichts mit sexueller Potenz zu tun. Für die Mädchen stellt sich dieses Problem bei den Brüsten.)

3. Machen Sie Ihrer Tochter alle Einzelheiten der Menstruation klar, bevor die erste Periode kommt. Es kann für Mädchen erschreckend sein, wenn sie diesen Aspekt ihres Heranreifens ohne jede Vorwarnung erleben. Es gibt ungezählte Bücher und Filme, die Ihnen bei der Erklärung dieses Meilensteins in der Entwicklung Ihrer Tochter helfen können. Benutzen Sie diese Hilfsmittel! Die wichtigste elterliche Aufgabe in dieser Phase besteht darin, dem Kind Zuversicht und Ruhe zu vermitteln. Hüten Sie sich vor allem davor, Ihrer Tochter resigniert zu sagen: »Das ist eben das Kreuz, das du als Frau tragen mußt.«

4. Äußerst wichtig ist auch, daß Sie mit Ihrem Kind genau den

Zeitpunkt besprechen, der den Beginn der Pubertät anzeigt. Bei den Jungen kann dieser Zeitpunkt kommen, wenn sie zwölf Jahre alt sind, er kann aber unter Umständen noch Jahre auf sich warten lassen. Bei den Mädchen beginnt die Pubertät normalerweise, wenn sie zehn Jahre alt sind. Aber auch hier kann sich der Zeitplan um Jahre verschieben. Der Zeitpunkt, in dem die Pubertät beginnt, kann also unter Umständen sehr früh oder sehr spät eintreten. Jugendliche, bei denen das der Fall ist, begegnen dann gewöhnlich einigen beunruhigenden psychologischen Problemen. Es gibt vier Extreme, die Sie kennen sollten:

Der spät heranreifende Junge. Dieser kleine Kerl weiß ganz genau, daß er noch ein »Baby« ist, während seine Altersgenossen schon ausgeprägte Züge Erwachsener tragen. Wenn er den Telefonhörer abnimmt, denkt der Anrufer, er spreche mit der Mutter. Was für eine Demütigung! Zwar interessiert sich dieser Junge sehr für die verschiedensten Sportarten. Aber mit den größeren und stärkeren Jungs kann er nicht konkurrieren. Wenn er sich im Umkleideraum die Hose auszieht, bricht schallendes Gelächter aus, und seine Selbstachtung macht einen Sturzflug. Schlimmer noch: Für ein paar Jahre ist er kleiner als die Mädchen in seiner Klasse. (Sie haben schon ihren »Wachstumsspurt« gehabt – er nicht.) So langsam kommt ihm der Gedanke, daß bei ihm etwas nicht stimmt. Aber er wagt nicht, das jemandem offen zu sagen. Das ganze ist einfach zu peinlich! Oft erweisen sich diese Spätentwickler als die schlimmsten Unruhestifter der Schule, weil sie alles daransetzen, um ihre Männlichkeit zu beweisen.

Das spät heranreifende Mädchen. Für das Mädchen, dessen innere Uhr nachgeht, ist das Leben auch nicht leichter. Sie betrachtet sich ihre flache Brust und vergleicht sie dann mit den schon weit entwickelten Brüsten ihrer Freundinnen. Seit zwei oder drei Jahren schon sprechen die anderen über ihre »Tage«, aber sie kann da noch nicht mitreden. Sie hat in der Klasse den Spitznamen »Babyface«. Und tatsächlich sieht sie trotz ihrer dreizehn Jahre aus wie eine Achtjährige. Erinnern Sie sich noch einmal daran, was ich an anderer Stelle zu der Rolle gesagt habe, die der physischen Anziehungskraft in unserem Wertsystem beigemessen wird, vor allem im Hinblick auf die Selbstachtung eines Menschen. Es liegt auf der Hand, daß gerade der Spätentwickler von Minderwertigkeitsgefühlen überwältigt werden kann, auch wenn er im Grunde genommen hübsch ist. Wenn diesen Mädchen niemand das Gegenteil sagt, werden sie langsam aber sicher zu dem Schluß kommen, daß sie sich nie zu einer richtigen Frau entwickeln werden.

Das früh heranreifende Mädchen. Es erweist sich also als Nachteil, wenn man sich als Spätentwickler entpuppt. Nun sollte man meinen, das Gegenteil wäre für unsere Kinder denkbar günstig im Hinblick auf ihre psychische Entwicklung. Leider ist das aber nicht der Fall. Da Mädchen dazu neigen, ein oder zwei Jahre vor den Jungs in die Pubertät zu kommen, rangieren die jungen Damen, die nun auch noch vor ihren Altersgenossinnen zu sexueller Reife gelangen, weit vor allen anderen ihrer Altersgruppe. Es ist nicht gerade wünschenswert, daß ein Mädchen bereits mit zehn Jahren nichts als Jungs im Kopf hat. Zwei bis drei Jahre lang gerät dieses Mädchen deshalb völlig aus dem Gleichgewicht, was seine gesunde Entwicklung anbelangt.

Der früh heranreifende Junge. Im Vergleich dazu ist der früh entwickelte Junge mit erheblichen sozialen Vorteilen gesegnet. Er kann zu einem Zeitpunkt männliche Kräfte aufweisen, in dem diese Kräfte von den anderen Kindern seines Alters geradezu angebetet werden. Sein Selbstwußtsein wird natürlich außerordentlich beflügelt, wenn er vor aller Augen seine sportlichen Leistungen demonstrieren kann. Seine frühe Entwicklung stellt ihn mit den Mädchen in seiner Klasse auf eine Stufe. Ein paar Jahre lang beherrscht er also das Feld ganz allein. Forschungen haben gezeigt, daß der früh entwickelte Junge in der Regel psychisch stärker, zuversichtlicher und selbstbewußter ist als andere Jungs. Außerdem wissen wir, daß dieser Adoleszent später als Erwachsener wahrscheinlich mit mehr Erfolg durchs Leben gehen wird.

Wenn Sie mit Ihrem Kind diese Extreme besprechen, sollten Sie ihm vor allem deutlich machen, daß es ganz normal ist, daß sich einige Jugendliche schneller entwickeln als andere. Sagen Sie ihm, daß dieser Umstand letztlich nichts zu bedeuten hat. Sollte sich herausstellen, daß Ihr Kind tatsächlich ein Spätentwickler ist, so wird es in den kommenden Jahren zusätzlich Beruhigung und Ermutigung brauchen. Gespräche solcher Art bieten Ihnen eine hervorragende Möglichkeit, dem Kind wertvolle Hilfen für seine weitere Entwicklung an die Hand zu geben. Achten Sie darauf, daß diese Kommunikation nie abreißt.

Vielleicht sollte ich noch einen Aspekt erwähnen, bevor ich fortfahre. Statistiken sagen uns, daß die Kinder heute größer werden als früher, was wahrscheinlich auf regelmäßige Ernährung, gute medizinische Versorgung, genügend Ruhe und Erholung zurückzuführen ist. Dieses gesteigerte Wachsen nun hat eine interessante Konsequenz: Die sexuelle Reife wird immer früher erreicht. Es scheint so, als würde die Pubertät bei unseren Kindern in dem Moment »angeschaltet«, in dem sie eine gewisse Körpergröße erreicht haben. Im Jahre 1850 bekamen beispielsweise in Norwegen die Mädchen durchschnittlich erst im Alter von 17 Jahren ihre erste Menstruation. 1950 lag das Durchschnittsalter bei 13 Jahren. Das durchschnittliche Alter, das die Kinder zu Beginn ihrer Pubertät hatten, war also innerhalb von nur 100 Jahren um 4 Jahre gesunken. In den USA ging das Alter, in dem die Mädchen im Durchschnitt ihre erste Menstruation bekamen, von 14,2 im Jahre 1900 auf 12,9 im Jahre 1950 zurück. Neuere Statistiken belegen, daß der Durchschnitt immer näher an die 12 heranrückt. Die offensichtliche Tendenz, immer früher Verabredungen mit dem anderen Geschlecht zu treffen, dürfte im wesentlichen Folge dieser Zeitverschiebung hinsichtlich des sexuellen Reifeprozesses sein.

ADOLESZENZ UND MINDERWERTIGKEITSGEFÜHLE

Sie müssen Ihrem Kind die Bedeutung von Minderwertigkeitskomplexen erklären. Nur so können Sie es davor bewahren. Es muß begreifen, daß die meisten seiner Altersgenossen vor diesem Problem stehen. Wir Eltern können unseren Kindern keinen größeren Dienst erweisen, als diese »Selbstwertkrise« zu entschärfen, bevor sie kommt, indem wir sie als normal und vorläufig hinstellen. »Jeder in deinem Alter hat unter Minderwertigkeitskomplexen zu leiden, und du wirst diese Phase auch durchstehen müssen. Aber wenn es soweit ist, vergiß nicht, daß es jedem so geht. Diese Angelegenheit ist eben ein Teil deines Reifeprozesses.« Wenn Sie Ihrem Kind das sagen, erweisen Sie ihm einen unschätzbaren Dienst.

Besprechen Sie mit Ihrem Kind auch das verkehrte Wertsystem, unter dem wir alle zu leiden haben. Es ist außerordentlich wichtig, daß Ihr Kind gewappnet in den Kampf gegen die Minderwertigkeitsgefühle zieht. Diejenigen nämlich, die auf diese Phase ihrer Entwicklung nie richtig vorbereitet worden sind, werden in aller Regel später mit schlimmen Problemen konfrontiert. Das muß nicht sein!

ADOLESZENZ – EIN ALTER DER ANPASSUNG

Der »Herdeninstinkt« des Menschen ist nie so stark wie in seiner Adoleszenz. Man muß ganz einfach »in« sein, wenn man keine Komplexe bekommen will. Dieser Druck ist barbarisch! Wenn alle Jugendlichen mit ausgestellten Hosen herumlaufen, dann wehe dem Jungen, der diesen Trend nicht mitmacht. Die anderen werden jede Gelegenheit nutzen, um ihn fühlen zu lassen, daß er eigentlich nicht zu ihnen gehört. Und so weiß jeder Teenager sehr genau, daß er sich an ein festes Reglement halten muß, wenn er nicht zum Gespött der anderen werden will. Deshalb wagen es die jungen Menschen gar nicht, sich gegen einen bestimmten Modetrend zu stellen, auch wenn sie ihn noch so »doof« finden. Die Mehrheit hat eben immer recht!

Diesen Einfluß, den die Gleichaltrigen auf den Adoleszenten ausüben, veranschaulicht eine Untersuchung, die von Ruth W. Berenda durchgeführt wurde. Sie und ihre Mitarbeiter brachten zehn Adoleszente in einen Raum und sagten ihnen, sie wollten testen, wie gut jeder einzelne von ihnen sehen könne. Zu diesem Zweck wollten sie den Kindern Karten vorhalten, auf die drei Striche gezeichnet waren. Diese Striche wurden mit A, B und C bezeichnet und wiesen unterschiedliche Längen auf. (Vergleiche die Abbildung unten). Auf einer Karte war Strich A am längsten, auf den anderen die Striche B oder C. Die Wissenschaftler hielten dann den Kindern die Karten vor, wobei sie nacheinander auf die drei Striche deuteten. Die Kinder sollten sofort den Arm heben, wenn man auf den längsten Strich zeigte.

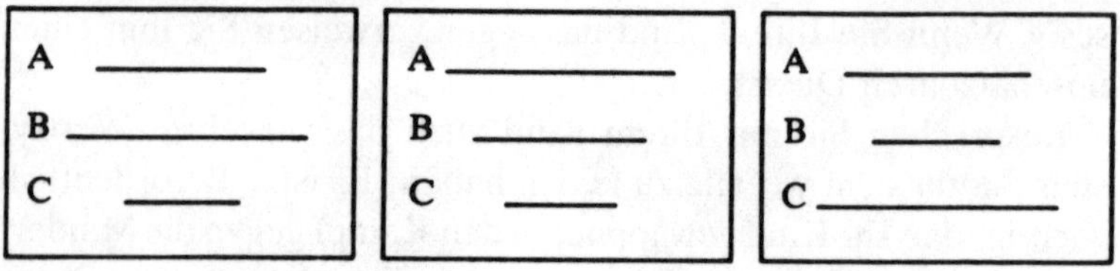

Die Aufgabe war also denkbar einfach: »Heben Sie die Hand, wenn wir auf den längsten Strich zeigen.« Was aber einer der Schüler nicht wußte, war die Tatsache, daß die übrigen neun vorher hereingeholt worden waren und ganz bestimmte Anweisungen erhalten hatten. Sie sollten nämlich geschlossen die Arme heben, wenn auf den zweitlängsten Strich gedeutet wurde. Der Sinn dieser Übung war klar: Man wollte herausbekommen, wie groß der Druck ist, dem sich das Individuum in einer Gruppe ausgesetzt fühlt.

Dann begann der Versuch. Die neun Schüler hoben die Arme, als auf den zweitlängsten Strich gedeutet wurde. Der Zehnte blickte um sich, zeigte offensichtliche Verwirrung, runzelte dann die Stirn und hob ebenfalls den Arm. Die nächste Karte wurde hochgehalten. Immer wieder behauptete der eine Schüler durch Heben des Armes, ein kurzer Strich sei länger als ein langer Strich. Ihm fehlte einfach der Mut, die Gruppe in Frage zu stellen. Dieser »Herdentrieb« offenbarte sich in ungefähr fünfundsiebzig Prozent aller Fälle und galt für kleine Kinder und Hochschüler gleichermaßen.

Der Wunsch, wie die anderen auszusehen und zu denken, verursacht natürlich bei denen Probleme, die sich einfach nicht anpassen können. Ich kannte eine blinde Fünfzehnjährige, die nicht zugeben wollte, daß sie behindert war. Die Schule hatte ihr extra einen Lehrer zugeteilt, der sich um sie kümmern sollte. Aber sie wollte diese Hilfe nicht. Ihre Eltern konnten sie noch nicht einmal dazu bewegen, einen Stock zu benutzen. Sie hatte Angst, sie würde sich zu sehr von den anderen Schülern unterscheiden, wenn sie sich mit diesem Stock durch den Korridor tasten würde. Eines Tages beobachtete ich, wie sie erhobenen Hauptes in das Klassenzimmer ging. Bevor ich sie daran hindern konnte, prallte sie gegen den Türpfosten. Aber auch diese schmerzhafte Erfahrung half nichts. Sie wollte so sein wie die anderen. Sie wollte keine Hilfe.

Ähnlich ging es mir, als ich mit den Eltern eines Jungen aus der zweiten Klasse zusammenarbeitete, der einen Hörfehler hatte. Er weigerte sich, ein Hörgerät ins Ohr zu stecken. Lieber wollte er taub sein. Die Anpassung ist in der Tat ein mächtiger Trieb bei unseren Kindern. Und bei uns Erwachsenen ist es doch auch nicht viel besser! Auch wir beeilen uns, um den jeweiligen Modetrend einzuholen.

Bevor ich dieses Thema abschließe, möchte ich noch auf eines hinweisen: Dieser Druck, dem unsere Kinder durch ihre Altersgenossen ausgesetzt sind, erklärt auch zum Teil die Spannung zwischen Eltern und Kind. Der Einfluß, den die Eltern auf ihren Sprößling ausüben, wird immer geringer. Ich habe gesehen, wie sich Eltern verletzt fühlten, als sie merkten, daß sich ihr Teenager schämte, weil er von anderen zusammen mit Vater oder Mutter gesehen wurde. »Ich habe alles für mein Kind getan«, so höre ich diese Eltern sagen, »und nun schämt es sich, wenn andere es mit mir zusammen sehen.« Aber dieses Verhalten ist denkbar leicht zu erklären. Kinder spüren in sich einen unbändigen Wunsch, erwachsen zu sein. Deshalb ärgern sie sich über alles, was andeuten könnte, sie seien noch von ihren Eltern abhängig. Sie schämen sich, wenn sie Samstagabend mit »Mama und Papa« gesehen werden. Samstags ist »man« nicht mehr bei Mama und Papa, sondern unter seinesgleichen. Dabei schämen sich die Kinder nicht etwa ihrer Eltern. Sie geraten nur durch ihre Rolle als Kind in Verlegenheit, weil sie sich so sehr wünschen, daß sie diese Rolle baldmöglichst abstreifen können. Die Eltern würden gut daran tun, deshalb nicht beleidigt zu sein. Dieses Verhalten gehört eben zu dem Reifeprozeß, den Ihr Kind durchmachen muß. Akzeptieren Sie deshalb seine Gefühle.

Meine eigene Mutter hatte dieses Problem sehr genau erkannt. Sie nutzte es ausgesprochen geschickt. Als ich in der neunten Klasse war, entdeckte ich plötzlich, daß es sehr viel mehr Spaß machte, in der Schule ›rumzualbern‹ als zu arbeiten. Also spielte ich während der Unterrichtsstunden, lachte und ärgerte meine Lehrer. Aber meiner Mutter konnte ich nichts vormachen. Ich weiß nicht, wer sie so gut informiert hatte, aber sie war informiert. Eines Tages setzte sie sich zu mir und sagte: »Ich weiß genau, was du in der Schule treibst. Ich weiß, daß du deine Lehrer ärgerst und nur Dummheiten im Kopf hast. Ich von mir aus werde bestimmt nichts unternehmen. Ich werde nicht etwa zu deinem Leher oder gar zum Direktor gehen. Aber eines weiß ich: Sollte mich die Schule jemals anrufen – ich werde sofort da sein. Ich werde mich hinten in eure Klasse setzen und aufpassen, daß du dich anständig benimmst. Ich werde den ganzen Tag neben dir herlaufen. Das verspreche ich dir.«

Glauben Sie mir: Ich war am nächsten Tag so brav und aufmerksam wie nie zuvor. Es wäre sozialer Selbstmord gewesen, wenn mir meine große Mama durch die Klassenräume des Gymnasiums gefolgt wäre. Sie hätte mich verprügeln können, aber mit mir zusammen in die Schule gehen – etwas Schlimmeres hätte nicht passieren können. Meine Lehrer werden sich bestimmt gefragt haben, warum ich mich plötzlich so diszipliniert benahm . . .

Zusammenfassend ist also zu sagen: Es ist außerordentlich wichtig, daß Ihr Kind um den starken Druck weiß, den seine Altersgenossen ihm gegenüber ausüben werden, und zwar bevor dieser Druck seinen Höhepunkt erreicht. Eines Tages könnte Ihr Sohnemann mit vier Freunden in einem Auto sitzen und sich dazu überreden lassen, Heroin zu spritzen. Ihre Erziehung wird zwar nie eine Garantie dafür sein, daß er in solchen Situationen tatsächlich den Mut aufbringt, den andern nicht zu folgen; aber Sie vergrößern die Chancen Ihres Kindes, in dieser Welt physisch und psychisch zu überleben. Ich empfehle Ihnen deshalb, diesen ganzen Abschnitt über die Anpassung mit Ihrem Zehn- oder Elfjährigen zu besprechen.

DIE ADOLESZENZ – EIN ALTER DES ZWEIFELNS

Einem kleinen Kind sagt man während seiner Entwicklungsjahre, was es denken soll. Es ist allen Meinungen, Vorurteilen, auch allen Glaubenshaltungen seiner Eltern unterworfen, und das ist gut und richtig. Sie erfüllen vor Gott ihre Verantwortung, dieses Kind zu leiten und zu erziehen. Aber bei jedem Menschen muß ein Zeitpunkt kommen, in dem er diese ganzen überkommenen Gedanken und Ideen selbständig als Individuum überprüft und entweder als wahr annimmt oder als falsch verwirft. Hier stehen wir an einem der wichtigsten Meilensteine auf dem Weg vom Kind zum Erwachsenen.

Normalerweise stellt der Jugendliche irgendwann alles in Frage, was ihm die Eltern an Wertvorstellungen vermittelt haben. »Gibt es wirklich einen Gott? Kennt er mich? Glaube ich an die Werte, die mich meine Eltern gelehrt haben? Will ich das, was sie für mein Leben wollen? Haben sie irgendwelche Fehler gemacht? Widerspricht meine Erfahrung dem, was sie mir als allgemeingültig beigebracht haben?« Diese intensive Selbstprüfung dauert gewöhnlich einige Jahre. Sie beginnt in der Adoleszenz und erstreckt sich bis in die »Zwanziger« hinein.

Auch hier gilt: Besprechen Sie mit Ihrem Kind diese Dinge, bevor die Phase des Zweifelns beginnt. Und daß sie kommt, steht fest. Alles wird von dem jungen Menschen in Frage gestellt. Sie als Eltern müssen gut gerüstet sein, wenn dieser Abschnitt im Reifeprozeß Ihres Kindes beginnt. Nichts ist deprimierender, als untätig dazusitzen und zusehen zu müssen, wie Ihr Sohn oder Ihre Tochter langsam aber sicher all die Werte anzweifelt, die Sie für so bitter notwendig erachten. Wir alle werden erheblich weniger Kopfschmerzen bekommen, wenn wir uns und unseren Kindern klargemacht haben, daß auch diese Zeit des Zweifelns etwas ganz Normales in der Entwicklung eines jungen Menschen ist.

DIE ADOLESZENZ UND DIE SUCHE NACH DEM ICH

Vieles ist schon über die »Suche nach der eigenen Identität« geschrieben worden, aber ich bezweifle, ob Ihr Zehnjähriger viel von dieser Literatur gelesen hat. Sie werden also mit ihm darüber sprechen müssen, was es bedeutet, sich selbst zu kennen. Dem Kind stellt sich diese Problematik noch nicht. Es könnte sich hinsetzen und auf Anhieb einen Aufsatz schreiben zu dem Thema: »Wer bin ich?«. Vor allem, wenn dieses Kind von Eltern und Lehrern so behandelt wurde, daß es sich ein gesundes Selbstwertgefüge aufbauen konnte, wird es diese Frage zu seiner eigenen Zufriedenheit beantworten können. Aber nicht jedes Kind kann sich so zufrieden und glücklich fühlen.

Ich möchte einen weniger glücklichen jungen Menschen

beschreiben, den ich ungezählte Male vor mir sitzen hatte. Sie alle kennen ihn, denn es gibt ihn überall, in jedem Wohnviertel, in jeder Schule und in jeder Gemeinde. Dieser Teenager, den ich einmal Hans nennen will, war eines von mehreren Kindern in einer ziemlich großen Familie. Seine Eltern waren während seiner Kindheit dauernd beschäftigt. Sie mußten sich darum kümmern, daß die Familie genug zu essen und anzuziehen hatte. Sie lasen Hans nie etwas vor, nie zeigten sie ihm, daß sie stolz auf ihn waren. Er wuchs einfach auf. Er war nicht gerade häßlich, aber besonders gutaussehend war er nun auch wieder nicht. Er versagte nicht gerade in der Schule, aber zu den Besten der Klasse zählte er auch nicht. In den Augen seiner Lehrerin rangierte er unter »ferner liefen . . .«. Er fiel nicht auf. Er war eben da. Das war aber auch schon alles.

Während Hans die Grundschule und die unteren Klassen des Gymnasiums absolvierte, zeichnete er sich nie durch besonders gute Leistungen aus. Er war nicht besonders beliebt. Auch geschickt war er nicht, was sich immer wieder in der Bastelstunde herausstellte. In den Sportstunden gehörte er zum letzten Drittel. Wenn ein Klassensprecher gewählt wurde, dachte niemand an Hans. Es gab nichts, worauf er hätte stolz sein können. Vermutlich verbrachte er die Stunden vorm Fernsehapparat, oder er »las« Comics.

Dann kam sein fünfzehnter Geburtstag, und aus Hans wurde Johannes. Sein Gesicht war nun übersät von Pickeln und Mitessern, seine Nase zeichnete sich immer stärker durch eine auffallende Biegung nach rechts aus. Die Jungs konnten mit ihm nichts anfangen, die Mädchen bemerkten gar nicht, daß es ihn überhaupt gab. Im Herbst versuchte er es mit Basketball. Aber der Trainer beschäftigte sich nur mit den begabteren Jungs. Deshalb ließ er es wieder. Seine Haltung war denkbar schlecht, seine Manieren alles andere als vornehm. Was er später einmal beruflich machen wollte – er hatte bisher nie einen Gedanken daran verschwendet.

Kurzum: Hans und alle anderen, die er symbolisiert, erreichen das sechzehnte Lebensjahr ohne zu wissen, wer sie eigentlich sind. Und nun wird Hans außerordentlich anfällig für alles, was von außen auf ihn zukommt und was ihn irgendwie interessiert. Da sind zum Beispiel die Rockerbanden mit ihren Motorrädern. Sie können Hans all das bieten, wonach er sich so sehnt, angefangen von der »männlichen« Lederjacke bis hin zu brutalsten Verhaltensweisen, die dem einzelnen ein Gefühl der Macht verleihen. Diese Banden können also unserem Hans einen Weg zu seiner Identität bieten. Aber was für einen Weg?!

Sie haben als Eltern die Aufgabe, Ihrem Kind, solange es noch bei Ihnen zu Hause ist, bei der Suche nach seiner Identität nach besten Kräften zu helfen. Aber wie macht man das? Indem Sie ihm helfen, seine Stärken und Interessen zu entdecken. Bringen Sie Ihrem Kind bei, wie es sich benehmen muß, was es glauben kann. Das Wichtigste aber: Arbeiten Sie an seinen Kompensationsfähigkeiten, die in Strategie Nr. 4 beschrieben sind. Wenn Sie diese Aufgabe nicht erfüllen, dann wird es jemand anderes tun. Nur dürfen Sie sich dann nicht wundern, wenn zwischen Ihnen und Ihrem Kind eines Tages nichts mehr stimmt.

DIE ADOLESZENZ – EIN ALTER MIT UMWÄLZENDEN VERÄNDERUNGEN IN DER PERSÖNLICHKEIT

Der Adoleszente bewegt sich ständig in einem Kreislauf psychischer Höhen und Tiefen. Für die andern Familienmitglieder kann dieser dauernde Wechsel zwischen »himmelhoch jauchzend« und »zu Tode betrübt« äußerst beunruhigend sein. Größere Sorgen noch bereitet vielen Eltern die Tatsache, daß der Reifeprozeß ihres Kindes mit höchst unterschiedlichem Tempo voranschreitet. So kann sich ein Fünfzehnjähriger an einem Tag ausgesprochen erwachsen betragen; am nächsten Tag aber ist er wieder ein Kind.

Auch hier sage ich es wieder: Machen Sie sich in Ihrer Familie klar, daß dieses alles etwas völlig Normales ist. Dann wird es Ihnen vielleicht leichter fallen, damit fertig zu werden, und sei Ihr Kind noch so großen Stimmungsschwankungen unterworfen. Sie können dann leichter leben mit diesem liebesbedürftigen, reizbaren, leicht zu beeinflussenden, unberechenbaren, leichtsinnigen, schwärmerischen Menschen, der seine Adoleszenz durchmacht.

DIE ADOLESZENZ – EIN ALTER VOLLER FASZINATION UND SEXUELLER ÄNGSTE

Vielleicht das wichtigste Gespräch, das zur Vorbereitung auf die Adoleszenz geführt werden muß, sollte sich mit dem sexuellen Erwachen befassen, das Ihr Kind bald erleben wird. Wenn Sie in den Jahren zuvor Ihre Aufgabe richtig erfüllt haben, wird Ihnen dieses Gespräch keine Schwierigkeiten bereiten. Es wird sich dann nur noch um eine Zusammenfassung der vielen Probleme handeln, mit denen Sie Ihr Kind schon vorher vertraut gemacht haben. Allerdings dürfen Sie auch nicht übersehen, daß es sich hierbei wohl um das letzte Gespräch zu diesem Themenkomplex handelt. Mit einem Zehnjährigen können Sie die meisten Themen direkt und ohne Umschweife besprechen. Drei Jahre später aber dürfte er auf ein solches Gespräch abweisend und verlegen reagieren. Wenn Ihr Kind erst einmal die vielen seelischen, hormonalen und anatomischen Veränderungen durchgemacht hat, gehört Ihre Aufgabe als Sexualpädagoge endgültig der Vergangenheit an. Man könnte also dieses letzte Gespräch vor der Pubertät mit einem letzten Gespräch vergleichen, das ein Trainer mit seinen Spielern führt, bevor er sie dann aufs Spielfeld entläßt: »Erinnert euch an das, was ich gesagt habe. Vergeßt die Spielregeln nicht. Laßt uns die wichtigen Punkte noch einmal durchgehen.« Der Trainer weiß ganz genau, daß sich ihm nach Spielbeginn keine Gelegenheit mehr für weitere Belehrungen bieten wird.

Dieses entscheidende Gespräch über die sexuellen Probleme ist viel zu wichtig, als daß man es ohne sorgfältige Vorbereitung führen dürfte. Schon in den Jahren zuvor bieten sich zahlreiche günstige Anlässe, um Ihr Kind mit diesem Problembereich vertraut zu machen. Vielleicht hilft Ihnen die Liste etwas, die ich unten zusammengestellt habe. Zu jedem dieser zehn Punkte müssen Sie genügend wissen, um Ihrem Kind zufriedenstellende Antworten geben zu können.

1. Die Rolle des Geschlechtsverkehrs in der Ehe
2. Männliche und weibliche Anatomie und Physiologie
3. Schwangerschaft und Geburt
4. Masturbation im Schlaf
5. Selbstbefriedigung

6. Schuld und sexuelle Phantasie
7. Menstruation
8. Moral und Verantwortung beim Sex
9. Geschlechtskrankheiten
10. Sekundäre Geschlechtsmerkmale, die durch Drüsenveränderungen verursacht werden: Schamhaare, allgemeine sexuelle Entwicklung, zunehmendes Interesse an Sex usw.

Da wohl nur wenige Eltern von sich behaupten können, sie seien Experten auf dem Gebiet der Sexualerziehung, müssen Sie sich mit diesen zehn Themen auseinandersetzen. Im Rahmen dieses Buches ist eine Erörterung dieser zehn Punkte nicht möglich. Ich schlage Ihnen deshalb vor, daß Sie sich empfehlenswerte Bücher über Sexualerziehung zulegen und intensiv studieren.

Bevor ich dieses Thema abschließe, möchte ich noch auf ein weiteres Problem zu sprechen kommen. Sehr oft besteht eine enge Verbindung zwischen übermäßig großer sexueller Freiheit und geringer Selbstachtung. Diese immer wieder bestätigte Tatsache zeigt uns nur, wie unendlich wichtig es ist, unseren Kindern die richtigen Verhaltensweisen in bezug auf das andere Geschlecht beizubringen. Man hat wiederholt nachweisen können, daß Adoleszente mit den größten Minderwertigkeitskomplexen oftmals diejenigen sind, die sich für sexuelles Experimentieren als besonders anfällig erweisen. Zwei Soziologen, John Gagnon und William Simon, haben entdeckt, daß die unbeliebtesten Studenten am meisten zur sexuellen Zügellosigkeit neigen. Da sie nie wirklich akzeptiert und geliebt werden, stürzen sie sich bei jeder erstbesten Gelegenheit auf den Menschen, der ihnen sexuelle Erfüllung verspricht. Aber diese Menschen müssen dann sehr schnell einsehen, daß ihre sexuelle Verfügbarkeit alles andere als wirkliche Liebe bedeutet. Das gilt vor allem für die Mädchen. Sie merken sehr schnell, daß die Aufmerksamkeit der Männer nicht eigentlich ihnen, sondern nur ihrem Körper gilt. Die Folge ist oftmals Kummer und Elend. Eine Untersuchung hat gezeigt, daß auch zahlreiche Erwachsene dieses Problem haben. Männer und Frauen, die sich immer wieder zu außerehelichem Geschlechtsverkehr hinreißen lassen, geben offen zu, daß sie sich nach Liebe, Verständnis und Anerkennung sehnen. Und diese Menschen versuchen dann, diese Sehnsüchte dadurch zu befriedigen, daß sie mit jedem Erstbesten ins Bett gehen.

Wir Eltern kämpfen an zwei Fronten: Auf der einen Seite müssen wir alles tun, um die Minderwertigkeitskomplexe unserer Kinder abbauen zu helfen; auf der anderen Seite haben wir die Aufgabe, ihnen gesunde sexuelle Auffassungen beizubringen.

DIE ADOLESZENZ – EIN ALTER ZUNEHMENDER UNABHÄNGIGKEIT

Es könnte sich als sehr hilfreich erweisen, wenn Sie sich mit Ihrem Kind zusammensetzen und ihm in aller Ruhe erklären, was es mit seiner immer größer werdenden Unabhängigkeit auf sich hat. Erklären Sie ihm, was es heißt, wenn man sich langsam von seinem Elternhaus löst, wenn man lernt, auf eigenen Beinen durchs Leben zu gehen. Vielleicht hilft Ihnen das folgende Beispiel:

Als du geboren wurdest, warst du ein völlig hilfloser Säugling. Während deiner ganzen Kindheit haben deine Mutter und ich auf dich aufgepaßt, wir haben dir beigebracht, was gut und böse, was richtig und falsch ist. Aber wir werden nicht immer so für dich da sein können, wie das jetzt der Fall ist. Irgendwann in den nächsten zehn Jahren wirst du bestimmt hier ausziehen, du wirst dein eigenes Geld verdienen und eigene Entscheidungen fällen. Du wirst dann ein Erwachsener sein und eine eigene Familie haben, um die du dich kümmern mußt. Für die Eltern ist es manchmal sehr schwierig, wenn ein Junge größer wird, wenn er immer mehr Verantwortung zu tragen hat. Oft will ein Kind auch schneller groß werden, als es gut ist. Es will Entscheidungen fällen, die es noch gar nicht fällen kann. Dann müssen es seine Eltern zurückhalten und aufpassen, daß es auf dem richtigen Weg bleibt. Viele Teenager gehorchen ihren Eltern nicht mehr. Dann gibt es Krach in der Familie, und darunter leiden alle, denn im Grunde genommen haben sie sich doch alle lieb.

Ich sage dir das alles, damit du verstehst, was passiert, wenn diese Schwierigkeiten eines Tages zwischen uns entstehen. Aber sie werden nicht ewig dauern. Vielleicht können wir sie sogar vermeiden. Wir müssen nur immer wieder ganz offen miteinander reden und versuchen, den anderen zu verstehen. Ich möchte deshalb, daß du dir folgendes klarmachst:

1. Ich werde dir jedes Jahr ein bißchen mehr Freiheit geben, wenn ich meine, daß du dafür reif genug bist. Es gibt bestimmte Richtlinien, an die du dich halten mußt, wenn du hier bei uns zu Hause wohnst. Vielleicht werden dir diese Regeln nicht immer gefallen. Aber mit der Zeit werden wir dir erlauben, immer mehr Entscheidungen selbständig zu fällen.

2. Indem du mehr Freiheit genießt, wird auch deine Verantwortung zunehmen. Ich werde von dir erwarten, daß du uns dann hier in der Familie immer mehr hilfst. Du wirst auch mehr Taschengeld bekommen. Aber du darfst nicht leichtsinnig damit umgehen.

3. Wenn du meinst, wir seien dir gegenüber in irgendeiner Weise ungerecht, dann komm zu uns und sage uns das. Du darfst alles sagen, was du denkst. Ich werde dir das nie übel nehmen. Aber ich dulde keine Ungezogenheiten oder Unverschämtheiten gegenüber deiner Mutter und mir. Wenn du uns anschreist und die Türen zuschlägst, wirst du damit überhaupt nichts erreichen.

4. Vor allem mußt du wissen, daß wir dich sehr liebhaben und daß wir uns bei allem, was wir für dich tun, von dieser Liebe leiten lassen. Das wird sich auch nicht ändern, wenn wir in den kommenden Jahren zuweilen streng mit dir sein müssen. Ich freue mich auf diese Jahre, in denen du noch hier bei Mutter und mir leben wirst. Diese Jahre werden sehr schnell vergehen, und dann bleibt uns nur noch die Erinnerung an eine glückliche Zeit, die wir zusammen verbringen durften. Deshalb laß uns aus diesen Jahren, die du noch bei uns bist, das Beste herausholen.

Es müßte nicht mit rechten Dingen zugehen, wenn sich ein solches Gespräch nicht bezahlt machen sollte.

ZUSAMMENFASSUNG

Die Adoleszenz wird für eine Familie halb so schlimm sein, wenn sie sich sorgfältig darauf vorbereitet hat. Wenn wir diese Vorbereitungen aber nicht treffen, werden wir dafür büßen müssen.

FRAGEN UND ANTWORTEN

1. *Wir haben eine vierzehnjährige Tochter, die sich gerade in einer ganz besonders schlimmen Phase ihrer Adoleszenz befindet. Sie fühlt sich minderwertig und häßlich. Sie haßt sich und alle anderen Menschen. Immer zeigt sie sich deprimiert und mürrisch. Es ist zu spät, sie auf die Adoleszenz »vorzubereiten«, denn sie steckt schon mitten drin. Was können wir jetzt noch tun, um ihr zu helfen?*

Sie stehen vor der wohl schwierigsten Aufgabe, die es für Eltern gibt. Ihr Kind ist in dieser Phase seiner Entwicklung außerordentlich anfällig für Einflüsse, die sein Leben zerstören könnten, beispielsweise für Drogenmißbrauch, eine zu frühe Heirat, Anschluß an irgendeine unsoziale Gruppe. In diesem Stadium nun braucht Ihr Kind Ihre liebevolle Zuneigung und Ihr Verständnis ganz besonders dringend. Allerdings gibt es keine Patentlösung. Trotzdem glaube ich, daß Sie etwas tun können.

Erstens: Wenn Ihr Kind so deprimiert ist, wie Sie es beschrieben haben, gebe ich Ihnen den dringenden Rat, Ihre Tochter in irgendeine Gruppentherapie zu schicken. Teenager üben auf sich gegenseitig einen so enormen Einfluß aus, daß eine solche Gruppe Ihrer Tochter helfen könnte, aus ihrem seelischen Tief wieder herauszukommen. Außerdem dürfte es für Ihr Kind sehr beruhigend sein zu erfahren, daß auch andere junge Menschen mit den gleichen Problemen zu kämpfen haben. Und schließlich bringt es in aller Regel eine große psychische Erleichterung mit sich, wenn man vor anderen offen über seine Probleme sprechen kann.

Zweitens: Machen Sie Ihrer Tochter den Vorschlag, in einer ruhigen Stunde einmal all das aufzuschreiben, was ihr Kummer und Sorgen bereitet. Versichern Sie ihr, daß niemand diese

Aufzeichnungen jemals zu Gesicht bekommen wird, auch Sie nicht. Sagen Sie ihr, daß sie deshalb ganz ehrlich alles aufschreiben könne. Geben Sie ihr dann den Rat, all die Punkte zu unterstreichen, die ihr besonders großen Kummer bereiten.

Wenn diese Arbeit getan ist, soll sie die Liste sorgfältig Punkt für Punkt durchgehen. Über jeden dieser Punkte sollte sie dann längere Zeit intensiv nachdenken. Falls Sie es für angebracht halten, können Sie ihr auch vorschlagen, diese Liste mit Ihrem Pfarrer oder einem guten Bekannten durchzusprechen, zu dem Ihre Tochter volles Vertrauen hat. Versuchen Sie Ihrem Kind klarzumachen, daß es sich wesentlich besser fühlen wird, wenn es sich seine Probleme erst einmal bewußt gemacht hat.

Dann sagen Sie Ihrer Tochter folgendes: »Jetzt kommt etwas sehr Wichtiges. Du kommst aus deinem seelischen Tief nur dann wirklich heraus, wenn du das akzeptierst, was du nicht ändern kannst. Wenn du alles versucht hast, um mit deinen kleineren Problemen fertig zu werden, nimm dir noch einmal deine Liste vor und sieh dir die Aufzeichnungen an, die sich mit deinen großen Problemen befassen. Und dann trage diese schwierigen und für dich so deprimierenden Dinge vor Gott. Sage ihm, worunter du so zu leiden hast, und bitte ihn, daß er dir hilft, mit diesen Problemen fertig zu werden. Schließlich schuf er doch das ganze Universum aus dem Nichts. Und da soll er dir nicht helfen können!?«

2. *Unsere Tochter hat in den letzten Monaten solche Hemmungen bekommen, daß sie jetzt schon verlangt, daß ihre Schwestern aus dem Zimmer gehen, wenn sie sich anzieht. Ich finde das albern; Sie auch?*

Nein! Ich schlage Ihnen vor, daß Sie den Wunsch Ihrer Tochter, beim An- und Ausziehen allein zu sein, voll und ganz respektieren. Ihre Empfindlichkeit rührt nur von der Tatsache her, daß sich ihr Körper in den letzten Monaten verändert hat. Und das macht sie verlegen. Diese Phase geht vorüber.

3. *Muß ich mich in meinem ganzen Äußeren wie ein Teenager benehmen, um meinem Sohn zu beweisen, daß ich ihn verstehe?*

Natürlich nicht. Ein vierzigjähriger »Adoleszent« ist das Letzte! Sie brauchen ja auch nicht auf dem Boden herumzukriechen und nach der Flasche schreien, um Ihren Zweijährigen zu verstehen. Ebensogut können Sie auch Ihrem Teenager genügend Verständnis entgegenbringen, ohne in betont jugendliches Gehabe zurückfallen zu müssen. Im übrigen wollen sich die Jugendlichen ja gerade von uns Erwachsenen unterscheiden. Wir werden sehr schnell auf Ablehnung stoßen, wenn wir versuchen, unsere Adoleszenten in ihrem ganzen jugendlichen Verhalten nachzuahmen. Unter Umständen könnte Ihr Sohn zu dem Schluß kommen: »Es wird wirklich Zeit, daß Mama endlich erwachsen wird.« Außerdem braucht Ihr Kind von Zeit zu Zeit die Autorität seiner Eltern. Verspielen Sie diese Autorität nicht durch irgendwelche Mätzchen.

4. *Wie ist das eigentlich mit der Emanzipationsbewegung? Was soll man davon halten, daß der Unterschied zwischen den Geschlechtern immer mehr abgebaut werden soll – bis auf den nun einmal gegebenen Unterschied? Soll ich meinen Sohn mit Puppen und meine Tochter mit Autos spielen lassen?*

Die Tendenz, alle traditionellen Schranken zwischen den Geschlechtern abzubauen, ist in den vergangenen Jahren immer deutlicher geworden. Frauen rauchen Zigarren und tragen Hosen. Männer spritzen sich Parfüm ins Gesicht und behängen sich mit Schmuck. Und dieser Trend geht weiter. Bei unseren Kindern führt er dazu, daß sie immer größere Schwierigkeiten haben, ihre sexuelle Identität zu finden.

Für mich besteht kein Zweifel daran, daß dieses Verwischen sexueller Grenzen mit dazu beigetragen hat, daß in den vergangenen Jahren geradezu eine Homosexuellen-Epidemie über uns hereingebrochen ist. Bisher war es in der Geschichte immer so, daß derartige Bewegungen dem Verfall ganzer Kulturen vorausgingen. Charles Winick, Professor für Anthropologie an der City-

Universität New York, erforschte 2000 verschiedene Kulturen und machte dabei die Entdeckung, daß 55 von ihnen daran zugrunde gingen, daß sie die Grenzen zwischen den beiden Geschlechtern niedergerissen hatten. Diese Kulturen sind heute tot. Professor Winick ist der Auffassung, daß dieses Problem für die Zukunft Amerikas von entscheidender Bedeutung sein könnte. Ich teile diese Ansicht.

Was nun die Erziehung unserer Kinder anbelangt, so bin ich der festen Überzeugung, daß wir ihnen schon während der ersten Lebensjahre die traditionellen männlichen und weiblichen Rollen beibringen müssen. Wenn wir das nicht tun, werden unsere Kinder unter Umständen später die größten Schwierigkeiten haben, ihre sexuelle Identität zu finden. Die Unterschiede zwischen Mann und Frau zeigen sich auf den verschiedensten Gebieten, angefangen von der Kleidung bis hin zur Arbeit. Für Ihre Kinder beginnt dieser Unterschied schon mit dem Spielzeug, das Sie ihnen geben. Das heißt nun nicht etwa, daß wir in Panik geraten müssen, wenn unser Sohn gern mit Puppen spielt. Aber ein wenig Wachsamkeit kann in derartigen Fällen nie schaden.

Die hier von mir vertretene Auffassung wird natürlich diejenigen auf den Plan rufen, die alles tun, um neunundneunzig Prozent der Unterschiede zwischen Mann und Frau abzubauen. Ich bin da entschieden anderer Ansicht, und dabei berufe ich mich auf die Bibel. Nach meinem Verständnis des Plans, den Gott mit uns Menschen hat, bestehen zwischen den beiden Geschlechtern nun einmal grundlegende Unterschiede, nicht nur in anatomischer Hinsicht. Und ich glaube, daß wir es bitter bereuen werden, wenn wir diesen göttlichen Plan nicht respektieren. Natürlich haben Mann und Frau als Menschen den gleichen Wert. Aber sie haben verschiedene Aufgaben. Ich hoffe inständig, daß in unserer Zivilisation diese wichtigen Unterschiede nicht einfach preisgegeben werden.

5. *Wo liegen die Ursachen der Homosexualität?*

Sie kann viele Ursachen haben. Im allgemeinen aber kann man wohl sagen, daß die Homosexualität das Resultat einer unglücklichen und liebesarmen Kindheit ist. Am Anfang steht gewöhnlich totale Verwirrung des Kindes in bezug auf seine sexuelle Identität.

6. *Wie sehen die typischen Familien aus, die homosexuelle Kinder hervorbringen?*

Auch hier können die familiären Umstände sehr unterschiedlich sein. Meistens handelt es sich allerdings um Familien, in denen die Mutter in jeder Beziehung tonangebend ist, während der Vater dem Kind gegenüber praktisch gar keine Rolle spielt. Häufig sind aber auch Fälle, wo die Mutter ihren Sohn betont ablehnend behandelt, weil er ein männliches Wesen ist.

7. *Kann ein Mensch aufgrund eines einzigen traumatischen Erlebnisses homosexuell werden?*

Es kommt vor, aber nicht oft. Ich hatte einmal einen homosexuellen Teenager zu behandeln, dessen Vater ihn in einer Neujahrsnacht brutal gezwungen hatte, mit seiner Mutter zu schlafen. Hier war klar, wo die tiefe Abneigung dieses Jungen gegenüber sexuellen Beziehungen zu Frauen herrührte.

8. *Was können Eltern tun, um ihre Kinder vor diesem Problem zu bewahren?*

Die beste Methode, um Komplikationen dieser Art zu vermeiden, ist immer noch ein harmonisches Familienleben. Der Homosexuelle kommt selten aus einem liebevollen Elternhaus, wo die Eltern selbst sexuell normal sind. Was ich damit sagen will, ist folgendes: Die Homosexualität ist nicht etwas, was gänzlich außerhalb Ihres Einflußbereichs als Eltern liegt. Wenn Sie Ihr Kind mit seiner naturgegebenen Rolle vertraut machen, dürfte es kaum Schwierigkeiten mit seiner sexuellen Identität haben.

9. *Ein unlängst erschienenes Buch für Eltern behauptet, daß eine intensive Sexualaufklärung Promiskuität und übergroße sexuelle Freiheit unserer Teenager vermindern wird. Stimmt das?*

Meiner Ansicht nach stimmt das nicht. Unsere Jugendlichen sind heutzutage besser aufgeklärt, als das jemals zuvor der Fall war. Die Auffassung, man könne der sexuellen Freizügigkeit unserer jungen Leute durch noch mehr Information die Schranken weisen, ist ungefähr so töricht, als wollte man einem Vielfraß beibringen, weniger zu essen, indem man ihm den Vorgang der Nahrungsaufnahme in allen Einzelheiten beschreibt. Ich bin natürlich für eine ausführliche Sexualaufklärung, aber aus anderen Gründen. Verantwortungsbewußtes Verhalten gegenüber dem anderen Geschlecht aber werden wir mit aller Aufklärung bestimmt nicht erreichen. Wenn wir unseren Kindern beibringen wollen, sich nicht unmoralisch zu verhalten, so müssen wir das direkt und ohne Umschweife tun, und nicht durch die Hintertür der Aufklärung über biologische Zusammenhänge. Am wirksamsten ist immer noch ein Elternpaar, das für seine Kinder in moralischer Hinsicht als leuchtendes Beispiel dient, dessen Leben geprägt ist durch Treue und gegenseitige Liebe.

Strategie Nr. 10

SIE BRAUCHEN DEN MUT NICHT SINKEN ZU LASSEN

Im Mittelpunkt dieses Buches stehen unsere Kinder und ihre Probleme. Aber auch die Erwachsenen sind oftmals nicht besser dran. Deshalb möchte ich hier einen kurzen Ausflug in die Welt der Erwachsenen unternehmen, die ebenso wie Kinder und Jugendliche mit Minderwertigkeitskomplexen zu tun haben. Ich habe auf diesen Umstand bereits im ersten Kapitel hingewiesen. Minderwertigkeitsgefühle legen sich wie Schatten auf das Leben so vieler Erwachsener. Dabei habe ich die Erfahrung gemacht, daß vor allem Frauen unter diesen Komplexen zu leiden haben. Nahezu jede Frau, die ich zu beraten hatte, wies einen erheblichen Mangel an Selbstvertrauen auf. Die amerikanische Schriftstellerin

Joyce Landorf stellte mir vor kurzem die Frage: »Was würden Sie denn bei den Frauen ändern, wenn Sie so eine Art Zauberstab zur Verfügung hätten?«. Meine Antwort:

> Ich würde jeder Frau ein »Rezept« ausschreiben, auf dem das »Medikament Selbstvertrauen« in reichlicher Dosierung aufgeführt wäre, einzunehmen dreimal täglich, bis diese Minderwertigkeitskomplexe ganz verschwunden wären. Selbstachtung – für mich besteht kein Zweifel daran, daß unsere Frauen gerade dieses »Medikament« am allerdringendsten benötigen.

Ich wollte einmal herausbekommen, wo die Ursachen für die Unzufriedenheit beim »schwachen Geschlecht« liegen. Zu diesem Zweck habe ich folgenden Fragebogen verfaßt, der schon in Strategie Nr. 1 kurz erwähnt wurde:

URSACHEN DER DEPRESSION BEI FRAUEN

Wo liegen die Hauptursachen Ihrer Depressionen? Schreiben Sie hinter die im folgenden aufgeführten zehn Problembereiche, inwieweit sie für Ihre seelischen Tiefs von Bedeutung sind:

1. In meiner Ehe fehlt jede Romantik __________
2. Konflikt mit angeheirateten Verwandten __________
3. Mangelndes Selbstbewußtsein __________
4. Probleme mit den Kindern __________
5. Finanzielle Schwierigkeiten __________
6. Einsamkeit und Langeweile __________
7. Sexuelle Probleme in der Ehe __________
8. Menstruations- und physiologische Probleme __________
9. Müdigkeit und Zeitdruck __________
10. Altern __________

Dieser Fragebogen wurde von etwa fünfundsiebzig Frauen ausgefüllt, die in zwei Gruppen aufgeteilt worden waren. Ihr Durchschnittsalter betrug etwa 30 Jahre, alle kamen sie aus dem Mittelstand und hatten Kinder. Selbstverständlich lief die ganze Fragebogenaktion anonym. Die Auswertung ergab, daß die erste Gruppe eindeutig mangelndes Selbstbewußtsein als Hauptfaktor für seelische Depressionen einstufte. Bei der anderen Gruppe rangierte dieser Problembereich immerhin unter Punkt 2. Dieses Ergebnis ist um so überraschender, wenn man bedenkt, daß die meisten dieser Frauen gesund, hübsch und glücklich verheiratet waren. Außerdem bekannten sich die meisten zum christlichen Glauben. Die Schlußfolgerung, die aus dieser Befragung zu ziehen ist, muß lauten: Minderwertigkeitskomplexe machen heute allzu vielen, wenn nicht sogar den meisten Frauen zu schaffen.

Wenn das sogenannte »starke Geschlecht« auch wahrscheinlich weniger unter diesen Komplexen zu leiden hat, so sind Minderwertigkeitsgefühle doch kein Problem, das ausschließlich Frauen vorbehalten ist. Wir begegnen dieser wahren Epidemie an Stellen, wo wir sie am allerwenigsten vermuten würden. Vor kurzem wurde ich gebeten, vor Lehrern und Studenten eines Predigerseminars eine Vortragsreihe zu halten. Natürlich sprach ich unter anderem auch über die Problematik der Minderwertigkeitskomplexe, denn viele dieser angehenden Geistlichen würden später in ihren Gemeinden damit konfrontiert werden. Im Rahmen meines ersten Vortrags erzählte ich die Geschichte von »Danny«, einem kleinen unglücklichen Gymnasiasten, der so sehr von Minderwertigkeitsgefühlen beherrscht war, daß er schließlich sich und alle Menschen abgrundtief haßte. Am nächsten Tag erhielt ich einen anonymen Brief, der folgenden Wortlaut hatte:

> Lieber Dr. Dobson!
>
> Ich bin einer dieser »Dannys«, von denen Sie heute in der Kapelle erzählten. Glauben Sie mir: Ich habe das erlebt, seit ich denken kann. Und ich leide so sehr darunter.
>
> Sicher, ich bin hier auf dem Predigerseminar, aber das macht das Problem nicht weniger schlimm. Während der letzten fünf Jahre hatte ich von Zeit zu Zeit immer wieder einmal die Hoffnung, daß diese Schwierigkeiten vielleicht

doch eines Tages verschwinden würden. Aber dann mußte ich jedesmal einsehen, daß ich mich zu früh gefreut hatte. Und in solchen Situationen verliere ich dann auch noch den letzten Funken Hoffnung. Ich will den Menschen das Evangelium predigen. Ich fühle, daß dies Gottes Wille ist. Und trotzdem habe ich dieses furchtbare Problem, mit dem ich kämpfe. Ich möchte es so gern loswerden, damit ich Gott und den Menschen besser dienen kann.

Ich wollte, ich könnte mich mit Ihnen einmal kurz darüber unterhalten. Aber ich sehe ein, daß Sie ein sehr beschäftigter Mann sind. Auf jeden Fall danke ich Ihnen, daß Sie zu uns ins Seminar gekommen sind. Mit freundlichen Grüßen

Ein Seminarist

Da dieser gebrochene Mann seinen Namen nicht unter den Brief geschrieben hatte, besprach ich seine Zeilen am nächsten Morgen mit der Studentenschaft. Viele der etwa dreihundert jungen Männer, die da vor mir saßen, zeigten sich tief bewegt. Für manche spiegelte dieser Brief ohne Zweifel ihre eigene Situation wider. Nach meinem Vortrag kam dann der Schreiber des Briefes zu mir und stellte sich vor. Er stand da, und die Tränen liefen ihm die Wangen hinunter. Noch einmal erzählte er mir, wie sehr er unter seinen Minderwertigkeitskomplexen litt. Später sagte mir ein Angehöriger des Seminars, dieser junge Mann sei der Letzte gewesen, von dem er so etwas gedacht hätte. Für mich war das nur ein weiterer Beweis für eine Beobachtung, die ich immer wieder gemacht hatte: Minderwertigkeitskomplexe sind einem Menschen oft nicht äußerlich anzusehen. Sie sitzen tief im Innersten und nagen an der Seele.

An demselben Tag saß noch ein Student im Saal, der genau die gleichen Probleme hatte. Aber er schrieb mir keinen Brief, auch stellte er sich mir nicht vor. Ich erfuhr von ihm erst drei Wochen später. Einer von vier jungen Männern, mit denen er zusammenwohnte, rief mich an und berichtete mir von dieser Tragödie. Ich hörte, wie erschüttert dieser Student über den Tod seines Stubenkameraden war. Er und die anderen hatten so wenig geahnt, welche Probleme ihr verzweifelter Freund mit sich herumtrug, daß er fünf ganze Tage im Keller hing, ohne daß man ihn vermißte.

Nebenbei: Sogar viele Psychologen, die es doch eigentlich besser wissen sollten, unterschätzen sehr oft die zerstörerische Wirkung, die Minderwertigkeitskomplexe haben können. Mangel an Selbstachtung erweist sich aber immer wieder als Hauptquelle psychischer Störungen.

Immer wieder sitzen Menschen vor mir, die sich tief in ihrem Innersten danach sehnen, anerkannt und geachtet zu werden. Wie sehr brauchen diese Menschen menschliche Wärme und Freundschaft! Wenn aber einer dieser armen Kerle seinerzeit zu Dr. Sigmund Freud gegangen wäre, so hätte sich der unsterbliche Großvater der Psychoanalyse wahrscheinlich in distanzierender Würde zurückgelehnt und alsdann die sexuellen Verdrängungen des Patienten analysiert. Würde dieser Patient bei Dr. Ivan Janov, einem der gegenwärtig bekanntesten Therapeuten, Rat und Hilfe suchen, so würde ihn der wahrscheinlich dazu ermutigen, sich auf dem Boden herumzuwälzen und wie ein Baby zu schreien. (Eine solche »Therapie« ist nach meinem Dafürhalten wirklich das Allerletzte!) Andere moderne Psychotherapeuten würden von unserem Patienten vielleicht verlangen, daß er die anderen Mitglieder in einer Gruppentherapie tätlich angreife, sich seine Kleider ausziehe oder seine Eltern verprügele. Ob man es glaubt oder nicht: Auf psychiatrischen Tagungen taucht heute schon die Frage auf, ob Patientinnen zu ihren männlichen Therapeuten sexuelle Beziehungen haben sollten. Ja, sind wir denn total verrückt geworden?! Wenn die Menschen ihre Ethik preisgeben, so hören sie auf, sinnvoll zu handeln, welche berufliche Qualifikation sie auch immer haben mögen.

Ich bin der festen Überzeugung, daß es nur eine Therapie für einen von Minderwertigkeitskomplexen geplagten Menschen gibt, die wirklich Erfolg verspricht. Der Therapeut sollte dem Patienten folgendes zu verstehen geben: »Das Leben ist für Sie hart gewesen, und Sie haben sehr darunter gelitten. Bisher hat Ihnen niemand geholfen, und es gab Zeiten, in denen Sie völlig am Boden zerstört waren. Ich möchte Ihnen helfen. Ich will die Sorgen, die Sie plagen, mit Ihnen teilen. Ich interessiere mich für Sie als Menschen, und ich achte Sie. Ich will alles tun, um Ihnen diese Schwierigkeiten vom Halse zu schaffen. Vertrauen Sie mir. Zusammen werden wir es schon schaffen.«

Plötzlich fühlt sich der Patient nicht mehr allein, und das ist schon viel wert, denn Einsamkeit ist die deprimierendste aller menschlichen Erfahrungen. »Jemand kümmert sich um mich, jemand versteht mich! Er will mir aus meinen Schwierigkeiten heraushelfen! Ich werde vielleicht doch nicht in diesem Meer der Verzagtheit ertrinken! Ich habe jetzt einen richtigen Freund!« Das ist echte Therapie, orientiert an dem christlichen Gebot: »Einer trage des anderen Last.«

Dieses christliche Prinzip gilt natürlich nicht nur für die Arbeit des Therapeuten. Ich habe wiederholt die Beobachtung gemacht, daß ein Mensch mit den eigenen Problemen und Sehnsüchten wesentlich besser fertig wird, wenn er einem anderen Menschen bei der Bewältigung ebendieser Probleme zur Seite steht. Man hat einfach keine Zeit mehr, dauernd an sich selbst und die eigenen Sorgen und Nöte zu denken, wenn man dem anderen hilft, dessen Sorgen und Nöte zu tragen. Deshalb möchte ich einem jeden von Ihnen, der sich entmutigt und ungeliebt fühlt, den dringenden Rat geben, sich ganz für andere hinzugeben. Besuchen Sie die Kranken. Helfen Sie Ihren Nachbarn. Machen Sie Besorgungen für Menschen, die das nicht mehr können. Und vor allem: Lernen Sie, aktiv zuzuhören. Die Welt ist voller einsamer, deprimierter Leute wie Sie. Wenn Sie diese Menschen nicht verstehen, wer sollte es dann tun!? Dabei werden dann auch Ihre eigenen Minderwertigkeitskomplexe langsam aber sicher verschwinden.

Eine Frage möchte ich noch an diejenigen von Ihnen stellen, die ihr ganzes Leben lang mit diesen Komplexen zu tun hatten: Ist es nicht an der Zeit, daß Sie Freundschaft mit sich selbst schließen? Es gibt doch genug Dinge im Leben, über die man sich Kopfzerbrechen bereitet. Warum wollen wir uns da noch ständig um unsere eigenen Probleme Gedanken machen? Wenn ich eine Karikatur zu zeichnen hätte, in der ich die Millionen von Erwachsenen mit Minderwertigkeitskomplexen symbolisieren sollte, so würde ich einen gebeugten, müden Reisenden skizzieren. Auf seine Schultern würde ich das Ende einer unendlichen Kette legen, die sich aus Tonnen von Alteisen, alten Reifen und Müll aller Art zusammensetzte. Auf jedem Stück Müll wäre eine Depressionenquelle geschrieben, eine der ungezählten Ursachen für Demütigung und Ablehnung. Die Figur in der Karikatur könnte diese Kette ohne Mühe einfach loslassen und sich so von der schweren Last befreien, die diesen Menschen so unbeweglich und müde macht. Aber irgendwie meint er, diese Kette durch das ganze Leben hindurch mitschleppen zu müssen. Wie der erwähnte Seminarist ist er von dem Gewicht dieser Kette gelähmt. Deshalb schleppt er sich nur langsam vorwärts und hinterläßt tiefe schwere Fußspuren.

Sie können sich von dem Gewicht der Kette befreien. Sie brauchen sie nur loszulassen. Ihre Minderwertigkeitskomplexe resultieren aus einem verzerrten Bild, das Sie sich von der Wirklichkeit zurechtgelegt haben. Sie vergessen ganz, daß die Maßstäbe, nach denen Sie sich stets beurteilt haben, äußerst unbeständig sind. Dr. Maxwell Maltz, Experte auf dem Gebiet der plastischen Chirurgie, sagt, daß in den zwanziger Jahren Frauen zu ihm kamen, um sich ihren Brustumfang verkleinern zu lassen. Wenn heute Frauen zu ihm kämen, so wollten sie das genaue Gegenteil. In König Salomos biblischem Liebeslied bittet er seine Braut, seine dunkle, von der Sonne gebräunte Haut zu übersehen. Heute wäre der braungebrannte Salomo Blickfang am Meeresstrand. Unsere Frauen heutzutage sind ganz verzweifelt, wenn sie zehn Pfund zugenommen haben. Für Rembrandt aber wäre es eine reine Freude gewesen, ihre rundlichen Körper zu malen. Sehen Sie doch endlich ein, daß Ihr persönlicher Wert als Mensch nicht davon abhängt, was gerade in Mode ist, wie andere Menschen Sie beurteilen! Je schneller Sie sich klarmachen, daß über allem der menschliche Wert steht, desto eher werden Sie sich selbst so akzeptieren, wie Sie sind.

FRAGEN UND ANTWORTEN

1. *Ich bin eigentlich immer deprimiert und befürchte, daß sich das mit der Zeit auch bei meinen Kinder niederschlagen wird. Sind Kinder für die Depressionen ihrer Eltern anfällig?*

Dr. Norman S. Brandes, ein Kinderpsychologe, bejaht diese Frage. Die Schwermut der Erwachsenen färbe sehr leicht auf die Kinder ab. Kinder beobachten ihre Eltern sehr genau, und sie sehen, wie Vater und Mutter mit ihren Schwierigkeiten (nicht) fertig werden.

Wenn Sie auch weiterhin von Depressionen geplagt werden, so gebe ich Ihnen den dringenden Rat, sich an einen Fachmann zu wenden. Gehen Sie zu jemandem, der Ihnen helfen könnte, die Ursachen für Ihre psychischen Tiefs aufzudecken. Das bedeutet nicht etwa, daß Sie neurotisch oder gar geisteskrank sind. Eine solche Behandlung soll Ihnen nur helfen, die eigenen Probleme zu erkennen.

2. *Ihre Fragebogenaktion mit Frauen hat ergeben, daß sie meistens mangelndes Selbstbewußtsein als Hauptursache für Depressionen angaben. Spielt dabei die physische Anziehungskraft dieser Frauen eine Rolle? Müßten Sie dieses Gefühl der Unzulänglichkeit nicht als Erwachsene mit der Zeit automatisch verlieren?*

An dem mangelnden Selbstbewußtsein dieser Frauen waren mehrere Faktoren schuld. Viele beklagten sich darüber, daß in ihrer Ehe keinerlei Romantik mehr vorhanden sei, daß ihre Ehemänner ihnen kaum noch echte Liebe und Zuneigung entgegenbrächten. Andere fühlten sich in ihrer Rolle als Hausfrau und Mutter isoliert und unbefriedigt. (Dabei ist das meiner Ansicht nach der wohl wichtigste Beruf, den es auf dieser Welt gibt. Die Stabilität eines ganzen Volkes hängt letztlich davon ab, wie gut die Frauen mit der ihnen übertragenen Verantwortung fertig werden. Trotzdem hat man gerade in den letzten Jahren den Frauen immer wieder einzureden versucht, die Aufgaben als Hausfrau und Mutter seien ihrer unwürdig.)

Zurück zu den vielen Frauen, die sich von ihren Ehemännern vernachlässigt fühlen. Bei ihnen spielt die physische Anziehungskraft in der Tat eine ganz entscheidende Rolle für ihre Minderwertigkeitskomplexe. Der Wunsch, jung und schön zu sein, beschränkt sich keinesfalls auf die Jahre der Adoleszenz. Die Schönheit rangiert bis ins hohe Alter hinein auf Platz 1 der menschlichen Wertskala. Nehmen wir ein Beispiel. Ich hatte einmal eine Frau zu beraten, die wenige Jahre zuvor noch eine attraktive Stewardeß gewesen war. In ihrer Ehe hatten eitel Sonnenschein und Glück geherrscht, und ihr Mann war auf seine hübsche Frau stolz gewesen. Aber dann geschah etwas sehr

Trauriges. Sie war an einem tragischen Autounfall beteiligt, bei dem ihr Gesicht durch Narben entstellt und ihr schöner Körper verkrüppelt wurde. Sie mußte für den Rest ihres Lebens am Stock gehen. Die ganze Schönheit und Attraktivität waren plötzlich dahin, was zur Folge hatte, daß der Ehemann sehr schnell sein sexuelles Interesse für sie verlor. So kam die Scheidung. Als Krüppel konnte sie natürlich nicht mehr in ihren alten Beruf zurück. Sie hatte Mühe, überhaupt eine Arbeit zu finden. In nur wenigen Sekunden war diese Frau, wenn wir uns an dem Wertfaktor Schönheit orientieren, völlig »wertlos« geworden. Dabei blieb sie doch auch nach dem Unfall noch ein Mensch, und das heißt ein Individuum mit unvergleichlichen Werten. Aber diese Tatsache zählte nicht. Sie hatte ihre Schönheit verloren, und damit war auch sie verloren – dachte sie.

Es gibt bei Frauen zahlreiche Ursachen für Minderwertigkeitskomplexe. Als Hauptquelle dieser Komplexe erweist sich aber immer wieder das Gefühl, nicht attraktiv genug zu sein, nicht genügend Achtung und Wertschätzung bei anderen zu genießen.

NACHTRAG: Vielleicht behaupten Sie nun, bei Ihnen sei das alles ganz anders. Vielleicht sind Sie der festen Überzeugung, für Sie sei äußerliche Attraktivität eine Nebensache. Unter Umständen haben Sie recht. Aber prüfen Sie sich doch einmal selbst. Gehen Sie in ein vornehmes Bekleidungsgeschäft, lassen Sie sich von den so hochmodern frisierten und bekleideten Verkäuferinnen bedienen. Probieren Sie irgendein Kleidungsstück an, und stellen Sie sich dann vor einen Spiegel. Studieren Sie sich genau von allen Seiten. Lassen Sie sich einen zweiten Spiegel bringen, damit Sie auch ganz genau sehen können, wie sie »hinten« aussehen. Wenn Sie »normal« aussehen, wird Sie dieser Einkaufsbummel dazu bringen, daß Sie mindestens drei Tage lang völlig am Boden zerstört sind.

5

Was ist zu tun?

Auf den letzten Seiten dieses Buches wollen wir nun noch die Bedeutung der einzelnen menschlichen Verhaltensweisen genauer betrachten. Bestimmt haben Sie sich schon des öfteren gefragt, woher es kommt, daß sich zwei Kinder, die doch aus demselben Elternhaus stammen, so völlig verschieden aufführen können. Woher kommt es, daß sich das eine Kind still und bescheiden gibt, das andere aber vorlaut und frech? Schließlich wurden sie doch von denselben Eltern gezeugt und erzogen. Um die Frage noch weiter zu fassen: Was bestimmt die verschiedenen Persönlichkeitsmerkmale eines Menschen? Warum finden wir den einen Mann freundlich und zärtlich, den anderen hingegen brutal und unangenehm? Aus welchen Bestandteilen setzt sich die Persönlichkeit eines Menschen überhaupt zusammen? Diese letzte Frage ist von ganz entscheidender Bedeutung für Eltern, die ihre Kinder richtig erziehen wollen. Sie ist deshalb so wichtig, weil die Kunst der guten Elternschaft damit anfängt, das Kind richtig zu sehen. Jedes Elternpaar muß mit der Zeit lernen, zu sehen, was das Kind sieht, zu fühlen, was es fühlt, seine Hoffnungen und Wünsche zu verstehen. Nur wenn wir diese Fähigkeit entwickeln, haben wir die Chance, unserem Kind in schwierigen Situationen Mut zuzusprechen, ihm Liebe zu geben, wenn es sich einsam und vernachlässigt vorkommt, es Dinge zu lehren, die es gern wissen möchte. Diese Fähigkeit gibt uns auch die Möglichkeit, zu erkennen, wann Strafe angebracht ist. Letztlich hängt es nur von diesem Verständnis für das Kind ab, ob die Erziehung Erfolg hat. Wie oft beklagen sich Jugendliche: »Meine Eltern verstehen mich nicht!« Sie fühlen sich eben nicht verstanden. Ihre Eltern haben noch nicht die so überaus wichtige Fähigkeit erlernt, die Gedanken ihres Kindes zu erraten, seine Gefühle nachzuempfinden. Aber wie kann man sich diese Fähigkeit aneignen? Antwort: Indem man sich klar macht, was die einzelnen Verhaltensweisen eines Menschen zu bedeuten haben. Diesem Verständnis nun ist das folgende Kapitel gewidmet. Es soll Ihnen helfen, die einzigartige Persönlichkeit Ihres Kindes zu erkennen.

Das menschliche Temperament wird sicherlich zum Teil durch Vererbung bestimmt. Aber auch hier heißt der Hauptfaktor für die Formung der Persönlichkeit »Minderwertigkeitskomplexe«. Da ist also unser alter Begleiter wieder. Psychische Schmerzen können schlimmer sein als physische. Ich habe Menschen gesehen, die unter unendlichen körperlichen Qualen litten, und ich habe andere Menschen erlebt, die keinen Funken Selbstachtung mehr in sich hatten. Ich glaube, diese letzteren waren schlimmer dran. Ihre Seele wurde tagsüber von dauernden Gedanken über die eigene Minderwertigkeit geplagt, nachts nagten Alpträume an ihrem Ego. Die Wirkung von Minderwertigkeitskomplexen ist so schmerzhaft, daß unser gesamtes seelisches System darauf angelegt ist, uns vor diesen Schmerzen zu bewahren. Ein beträchtlicher Anteil des ganzen Geschehensablaufes in einem Menschen wird also der Aufgabe gewidmet, die innerlichen Qualen zu verhindern, die Minderwertigkeitsgefühle hervorrufen. Das ist viel wichtiger als alle sexuellen Gefühle. Wenn wir also unsere Mädchen und Jungen, unseren Ehemann oder unsere Ehefrau, wenn wir unsere Freunde und Nachbarn oder auch unsere Feinde verstehen wollen, wenn wir ihre Verhaltensweisen verstehen wollen, so müssen wir uns zunächst einmal klarmachen, wie die Menschen mit ihren Selbstzweifeln und persönlichen Unzulänglichkeiten fertig werden.

Der Rest dieses Kapitels ist deshalb den sechs häufigsten Methoden gewidmet, anhand derer unsere Kinder auf ihre Minderwertigkeitskomplexe reagieren. Ich will nicht zu viel versprechen, aber ich glaube, diese sechs Persönlichkeitsmuster liefern uns eine umfassende Erklärung für die meisten menschlichen Verhaltensweisen. Fast alle unserer Kinder machen sich wenigstens eine dieser Methoden zu eigen. Jeder Elternteil kann deshalb beim Lesen der folgenden Seiten die Persönlichkeitsstruktur seines Kindes erkennen. Und das ist der erste und wichtigste Schritt, um ihm in seinen Nöten und Ängsten beistehen zu können.

Muster Nr. 1

DIE TOTALE KAPITULATION

Eine der häufigsten Methoden, mit den Gefühlen der Unzulänglichkeit und Minderwertigkeit fertig zu werden, ist die totale Kapitulation vor diesen Gefühlen. Derjenige, der diese Methode wählt, ist zu dem Schluß gekommen, daß er minderwertig *ist.* Er mißt sich als Mensch an den falschen Werten, die ich an anderer Stelle ausführlich beschrieben habe, und dann gesteht er sich schließlich ein:

> Ja, es stimmt! Ich bin ein Versager. Ich hatte es ja schon immer befürchtet. Die anderen lachen doch nur über mich. Ich möchte mich am liebsten irgendwo verkriechen.

Dieser Mensch ist also zu dem Schluß gekommen, daß mit ihm nichts los ist, daß er unwürdig und minderwertig ist. Das war sein erster Fehler. Da er aber nun einmal so weit ist, wird er alles tun, um sein Ego vor noch mehr Demütigungen zu schützen. Also zieht er sich völlig zurück, hüllt sich in Schweigen und geht keinerlei Risiko mehr ein. Nie würde er von sich aus mit einem fremden Menschen ein Gespräch anfangen, nie vor mehreren Leuten frei sprechen, nie an irgendeinem Wettbewerb teilnehmen. Verabredungen gibt es für ihn nicht. Seine Ehre zu verteidigen, hält er für völlig nutzlos, auch wenn man mit Füßen auf ihr herumtrampelt. So sieht also seine Strategie gegen das Gefühl der Minderwertigkeit aus. Da er gelernt hat, daß er sein Gesicht am besten wahren kann, wenn er den Mund hält, läßt er sich ganz in die Defensive drängen. Wie gesagt: Er hat total kapituliert.

In jeder Schulklasse finden wir solche Kinder, die sich mit der eigenen Unzulänglichkeit abgefunden haben. In den Grundschulklassen sitzen sie jahrelang schweigend da, wagen kaum aufzublicken. Gleichaltrige Kinder finden sie »schüchtern« und »still«, aber sie verstehen nicht, was in Wirklichkeit hinter diesem Verhalten steckt. In aller Regel wird das zurückhaltende Kind auf doppelte Weise verkannt: 1) Da es sich immer wieder zurückzieht und demzufolge völlig kontaktarm ist, hält man es für arrogant. Das muß man sich einmal klarmachen! Dem Kind (und dem Erwachsenen), das am meisten unter seinen Minderwertigkeitskomplexen zu leiden hat, wird vorgeworfen, es sei zu eingebildet, zu sehr von sich überzeugt. Welch eine totale Verkennung der Realität! 2) Da der zurückhaltende Mensch selten spricht, kommen die anderen zu dem Schluß, daß er auch nicht denkt. Für sie ist er ein bißchen dumm. Das Gegenteil ist der Fall: Er macht sich zuviele Gedanken! Aber er spricht diese Gedanken nicht aus. Er hat eben gelernt, daß man im Leben am besten durchkommt, wenn man den Mund hält.

Aus alledem ziehe ich den Schluß, daß wir uns viel mehr Sorgen um das introvertierte Kind machen müssen als um den aggressiven Unruhestifter. Beide brauchen sie die Hilfe der Erwachsenen. Dem Kind aber, das vor seinen Sorgen und Nöten kapituliert hat, wird diese Hilfe wesentlich seltener zuteil. Es stört ja niemanden. Es fällt in der Schule nicht unangenehm auf und vermeidet Auseinandersetzungen mit anderen Kindern. Und trotzdem ist gerade dieser Schüler ganz besonders gefährdet. Wenn die Erwachsenen ihm nicht helfen, so könnte das letztlich zur Folge haben, daß sein angeknackstes Ego nie wieder richtig auf die Beine kommt. Wenn man sich die verschiedenen Möglichkeiten ansieht, die es gibt, um mit Minderwertigkeitskomplexen fertig zu werden, so muß man wohl sagen, daß diese totale Kapitulation die am wenigsten wirksame Methode ist. Im Gegenteil: In Wahrheit bringt sie gar keinen Schutz. Erwachsene, die sich diese Methode zu eigen gemacht haben, gehören zu jener Gruppe von Menschen, die am anfälligsten für physische Krankheiten aller Art ist, angefangen von Migräne bis hin zum Magengeschwür. Da sie sich völlig in sich selbst verkrochen haben, spielen sich die ganzen seelischen Kämpfe in ihrem Inneren ab. Das aber muß zwangsläufig zur Folge haben, daß es in diesen introvertierten Menschen eines Tages eine psychische Explosion gibt. Die Hausfrauen unter ihnen sperren sich in den eigenen vier Wänden ein, kauen an den Nägeln, beobachten vom Fenster aus das Leben auf der Straße, und oft weinen sie in ihrer Einsamkeit. Depressionen sind ihre ständigen Begleiter. Und allzu oft suchen sie sich als einzigen Verbündeten eine Flasche Schnaps. Die Folge ist ein langsames Abgleiten in den Alkoholismus. Den Ehemännern ergeht es auch nicht besser. Sie bringen oft nicht die Kraft auf, ihre Familie mit der gebotenen Autorität zu leiten.

Alles in allem kommen wir also zu dem Ergebnis, daß die totale

Kapitulation vor den eigenen Minderwertigkeitskomplexen keine sehr geeignete Methode ist, um mit den Problemen fertig zu werden.

Muster Nr. 2

AUF IN DEN KAMPF!

Während das eine Kind auf seine Minderwertigkeitsgefühle mit totaler Kapitulation und Resignation reagiert, suchen andere im Angriff die beste Verteidigung. »Auf in den Kampf«, so heißt ihre Parole. Sie kapitulieren eben nicht vor der von ihnen empfundenen Minderwertigkeit. Sie ärgern sich, werden wütend und aggressiv. Diese Zeitgenossen nutzen jede sich bietende Gelegenheit, um andere zu provozieren. Schon der geringste Anlaß kann sie zum Explodieren bringen. Nicht selten werden solche Kinder zum Schrecken der Nachbarschaft. Auch später, als Erwachsene, sind diese Leute alles andere als beliebt. Man kann sich mit ihnen einfach nicht verstehen, immer gibt es gleich Krach. (Übrigens: Mein aufrichtiges Mitgefühl gehört denjenigen, die mit einem solchen Menschen verheiratet sind.)

Minderwertigkeitskomplexe sind immer ausgesprochen unangenehm. Aber derjenige, der sich für die Methode der Vorwärtsverteidigung entschieden hat, ist für diese Komplexe weniger anfällig. Er hat wenigstens einen Schutz, wenn auch einen sehr unsozialen. Wenn ein Kind das erst einmal erkannt hat, so kann das unter Umständen eine radikale Änderung in seiner Persönlichkeitsstruktur zur Folge haben. Oft gibt sich ein Kind still und zurückhaltend, wenn es in die Jahre der Adoleszenz kommt. Bisher hat es jede Auseinandersetzung peinlich vermieden und entsprechend unter sich und den anderen Menschen gelitten. Aber dann kapiert es plötzlich, daß Kapitulation und Resignation denkbar untaugliche Mittel im Kampf gegen das Gefühl der eigenen Unzulänglichkeit sind. Aggressive Vorwärtsverteidigung ist da wesentlich effektiver. Und so verwandelt sich dieser schüchterne und stille Junge mit einem Schlag in einen unangenehmen und aggressiven Zeitgenossen. Und seine Eltern betrachten sich das mit Kopfschütteln.

Dieses plötzliche »Umschalten« von der Defensive in die Offensive im Kampf gegen die Minderwertigkeitskomplexe kann verhängnisvolle Folgen haben. Erinnern wir uns nur noch einmal an Lee Harvey Oswald. Er versuchte alles mögliche, um mit seinen Problemen fertig zu werden, aber er schaffte es einfach nicht. Es half nicht, einfach wegzulaufen. Und die totale Kapitulation, die sich bei Oswald in jener Stunde zeigte, als er vor seiner Frau auf den Knien lag, lieferte den zündenden Funken für seine psychische Explosion. Er hatte sich in sein Schicksal gefügt, aber damit war alles nur noch schlimmer geworden. Schließlich, wie es so oft der Fall ist, verwandelte sich sein Kummer in blinden Haß. Unterstreichen Sie sich folgenden Satz: *Ein plötzlicher Ausbruch von Aggressionen resultiert sehr oft aus der Tatsache, daß der Betreffende zuvor vergeblich versucht hat, mit seinen Minderwertigkeitskomplexen fertig zu werden, indem er vor ihnen kapitulierte.*

Ich habe auch die Kindheit des anderen Kennedy-Mörders, Sirhan Sirhan, studiert. Der menschliche Hintergrund dieses gescheiterten Mannes ähnelt dem von Oswald in bemerkenswerter Weise. In einem Bericht in der Zeitschrift »Life« vom 21. Juni 1968 wird gesagt, Sirhan sei in seiner ganzen Kindheit »labil und unglücklich« gewesen. Er kam als Kind mit seiner Familie nach Amerika. Damals schon hatte er darunter zu leiden, daß er ein Ausländer war. Das Ansehen, das er bei seinen Klassenkameraden genoß, war alles andere als groß. Sirhans Vater Bishara »schlug seine Kinder mit Stöcken und Fäusten, wenn sie ihm nicht gehorchten; einmal drückte er ein glühendes Eisen gegen Sirhans Fuß«. Wie Oswald, so war auch Sirhan von kleiner Statur und hatte nie Kontakt zu Mädchen während seiner Schulzeit.

Offensichtlich hatte sich Sirhan zunächst dazu entschlossen, vor seinen Minderwertigkeitskomplexen zu kapitulieren. »Life« schreibt: »Er war höflich. Er war still. Er arbeitete regelmäßig und ordentlich für die Schule und befaßte sich als Erwachsener mit einer unbekannten religiösen Philosophie.« Außerdem »vermied er Schwierigkeiten aller Art«. Ausgerechnet dieser Junge, der so schüchtern und zurückhaltend war, sollte später einen der spektakulärsten Morde in der Geschichte der USA auf sein Gewissen laden.

Nachdem er die Schule absolviert hatte, begann für Sirhan die Suche nach dem eigenen Ich. Aber er hatte ebensowenig Erfolg wie Lee Harvey Oswald. Sirhan verspürte wegen seiner kleinen Statur in sich den brennenden Wunsch, Vollblutpferde zu reiten. Er wollte ein erfolgreicher Jockey werden. Hier lagen seine ganzen Hoffnungen, endlich das nötige Selbstbewußtsein zu erlangen. Und so investierte er seine ganze Energie in die Verwirklichung dieses Traumes. Er bewarb sich um eine Stelle auf der Santa Anita-Rennbahn in Arcadia, aber die Funktionäre dort erkannten schon bald, daß ihm die nötigen Reflexe und die Erfahrung fehlten, um mit den temperamentvollen Tieren umgehen zu können. Statt dessen mußte er sich damit begnügen, die Pferde vor den großen Rennen warm zu führen. Er war der erste, auf den der Rennstall hätte verzichten können. Noch demütigender war die Tatsache, daß Sirhan wiederholt vom Pferd gefallen und damit zum Gespött der anderen geworden war. Schließlich warf ihn ein Fohlen ab, und er fiel so unglücklich, daß er in ein nahegelegenes Krankenhaus gebracht werden mußte. Als seine »Kollegen« ihn besuchten, fanden sie ihn rasend vor Wut. Er sträubte sich gegen jede Behandlung. Wie hatten wir doch bei Lee Harvey Oswald an dieser Stelle gesagt: Sein Ego lag zerbrochen im Staub. Für Sirhan war der Traum vom Jockey an diesem Tag vorbei. Er hatte alles versucht, um sich diesen Wunsch zu erfüllen, aber er war auf der ganzen Linie gescheitert.

Kurze Zeit später gab ihm das Schicksal noch einen Fußtritt. Sirhan hatte sich während des Sechstagekrieges gegen Israel ganz mit der arabischen Seite identifiziert. Die vernichtende Niederlage der Araber wurde deshalb für Sirhan auch zu einer persönlichen Niederlage. Von diesem Zeitpunkt an, vielleicht auch schon ein wenig früher, wurde der »stille« und »höfliche« junge Mann, der allen Schwierigkeiten aus dem Wege gegangen war, zu einem kaltblütigen Gewaltverbrecher. Der Rest der Geschichte ist hinlänglich bekannt.

Beide Kennedy-Mörder, Oswald und Sirhan, sind also letztlich den gleichen Weg gegangen, der sie an vier Etappen vorbeiführte: 1) Beide litten sie unter tiefsitzenden Minderwertigkeitsgefühlen; 2) beide versuchten sie, sich diesen Komplexen durch Kapitulation zu entziehen; 3) alle Versuche, doch die ersehnte Selbstachtung zu erlangen, scheiterten kläglich; 4) schließlich flüchteten sie sich in kaltblütigen Mord. Dieses »Muster« paßt zu Dr. Karl Menningers Beschreibung eines typischen Mörders, die er unter dem Titel »The Psychology of Violence« in der oben zitierten »Life«-Ausgabe veröffentlichte: »Ein anonymer, verbitterter Mann ohne jedes Profil, der irgend etwas Großes tun will. Er fühlt sich ungeliebt, einsam und verlassen. Er versucht verzweifelt, ein ›Jemand‹ zu sein, aber er schafft es nie . . .« In bezug auf Oswald und Sirhan traf Dr. Menninger den Nagel wirklich auf den Kopf. Ich habe diese beiden gescheiterten Menschen hier deshalb so ausführlich beschrieben, um anhand ihres Lebens zu zeigen, wie verheerend sich ein plötzliches Umschalten von passiver zu aggressiver Verhaltensweise auswirken kann.

Natürlich verläuft in unserer Gesellschaft dieser Prozeß des Umschaltens nicht immer so spektakulär. Gleichwohl läßt er sich an ungezählten Beispielen aufzeigen. Meiner Meinung nach steht dieser Umschwung von Passivität zu Aggressivität auch hinter der oft so übergroßen Feindseligkeit verschiedener Frauenbewegungen gegenüber den Männern. Vor einigen Jahren begannen einige Leute, die Rolle der Frau als Hausfrau und Mutter abzuwerten. Die Frauen sollten erkennen, daß diese Rolle für sie demütigend und völlig überholt sei. »Ich bin nur Hausfrau«, hörte man sie immer wieder sagen. Die Frauen fühlten sich minderwertig und ausgebeutet, aber sie hatten nicht den Mut, einfach alles stehen und liegen zu lassen und Mann und Kinder zu verlassen. Plötzlich wandelte sich bei vielen diese Kapitulation vor einer so falsch verstandenen Rolle als Ehefrau und Mutter in Aggressivität. Die Ursache für dieses Problem liegt auf der Hand: Unsere Ehefrauen und Mütter haben lange Zeit nicht die Achtung genossen, die ihnen gebührte. Nun haben wir es mit einer Bewegung zorniger Frauen zu tun, die alles daransetzt, um die Grundwerte der Familie zu untergraben.

Zusammenfassend ist also zu sagen, daß sich das offene Austragen von Aggressionen als eine zweite Methode erweist, die sich viele Menschen zu eigen machen, um mit ihren Minderwertigkeitskomplexen fertig zu werden. Diese Tatsache erklärt auch zu einem Großteil jenes Übermaß an Gewalttätigkeit, unter dem unsere Gesellschaft so leidet. Auch die offene Ablehnung, die unsere Jugendlichen gegenüber der Welt der Erwachsenen an den Tag legen, resultiert im wesentlichen aus derartigen Aggressionen. Aber sehen wir uns nun an, ob es nicht tauglichere Mittel im Kampf gegen Minderwertigkeitskomplexe gibt.

Muster Nr. 3

MANEGE FREI FÜR DEN CLOWN

Eine andere häufige Reaktion auf Minderwertigkeitskomplexe besteht darin, Pannen mit einem Scherz abzutun. Indem er alles ins Scherzhafte zieht, verbirgt der »Clown« die Selbstzweifel, die in seinem Innersten an ihm nagen. Die amerikanische Komikerin Phyllis Diller hat ein Vermögen damit verdient, daß sie sich vor anderen über Ihr eigenes unmögliches Aussehen lustig machte. So verkündete sie beispielsweise, sie besitze das erste und bisher einzige »Guck-Guck-Kleid«: Zuerst gucken die Leute hin, und dann gucken sie schnell weg. (Übrigens: Glauben Sie ja nicht, daß diesen Menschen ihr Aussehen egal ist. Phyllis Diller weiß zu berichten, daß sie als junges Mädchen stets sehr schüchtern und zurückgezogen lebte, immer in dem Bewußtsein, daß an ihr keine Spur von Attraktivität war. Dann entdeckte sie plötzlich eine sehr lukrative Methode, um mit diesen Gefühlen der eigenen Unzulänglichkeit fertig zu werden: Lachen, Lachen und nochmals Lachen, und zwar über sich selbst! Die Rolle, die sie heute auf der Bühne spielt, zeigt mit Sicherheit nicht ihre wahren Gefühle. Man kann das daran sehen, daß sie sich erst vor kurzem einer Gesichtsstraffung unterzog. »Ich sah einfach schrecklich aus. Nicht komisch – schrecklich, schlecht«, erklärte sie.)

Sich als Clown aufzuspielen, erweist sich für einen Menschen mit einem auffallenden »Gesichtsfehler« als außerordentlich nützliche Methode im Kampf gegen Minderwertigkeitskomplexe. Was würden Sie zum Beispiel tun, wenn Sie die Augen von Marty Feldmann hätten? Überall, wo Sie nur hingingen, würde man Sie ansehen und dann losprusten vor Lachen. Was würden Sie tun? Würden Sie sich verbittert zurückziehen und der ganzen Welt den Kampf ansagen? Würden Sie gewalttätig werden und alle verprügeln, die über Ihre Augen lachen? Seien wir doch ehrlich: Die beste Methode, um mit einem solchen »Fehler« fertig zu werden, besteht darin, das ganze auf die humorvolle Art zu nehmen. Die meisten Komiker brauchen deshalb keine »Ausbildung«. Die erhalten sie automatisch während ihrer Kindheit, wenn sie erkennen, daß ihnen nur die Möglichkeit bleibt, sich in einen Clown zu verwandeln, um das Leben einigermaßen gut durchstehen zu können.

Am besten geht meiner Ansicht nach der kleine dürre Woody Allen mit seinen Minderwertigkeitskomplexen um. Woody erzählt immer wieder eine Geschichte aus seiner Kindheit:

Er war auf dem Weg zu seiner Geigenstunde, als er an einem Spiel-Salon vorbeikam, wo »Floyd« und seine Freunde herumgammelten. Sie stahlen die Radkappen von geparkten Autos und trieben ähnliche »Scherze«, um sich die Zeit zu vertreiben. Als Woody vorbei kam, wurde er von Floyd mit Beleidigungen überschüttet. Da Woody aber ein »frecher Junge« war, wollte er sich das natürlich nicht gefallen lassen. Er stellte seine Geige ab und sagte zu Floyd: »Für dich bin ich immer noch ›Herr Allen‹!« Den Winter über mußte Woody im Krankenhaus zubringen. Ein Ärzteteam bemühte sich, die Geigensplitter aus seinem Schädel zu entfernen. Das einzige, was er zu seiner Beruhigung feststellen konnte, war die Tatsache, daß es sich um eine Geige und nicht um ein Cello gehandelt hatte.

Ist nicht jeder Junge auf dieser Welt irgendwann einmal von einem Floyd tyrannisiert worden? In meiner Heimatstadt jedenfalls gab es diesen Floyd in den vielfältigsten Ausgaben.

Jede Lehrerin kennt sehr genau die Clowns in ihrer Klasse. Gewöhnlich sind es Jungs, die zu allem bereit sind, was die anderen zum Lachen bringen könnte. Und so essen sie Würmer, riskieren die härtesten Strafen, lassen sich am großen Zeh von einem Baum herunterbaumeln usw. Ihre Eltern finden diese Art von Humor verständlicherweise nicht so gut. Aber sie erkennen nicht, was in Wahrheit hinter alledem steckt: Minderwertigkeitskomplexe.

Muster Nr. 4

PROBLEME? WAS FÜR PROBLEME?

Ich beriet vor einiger Zeit die Lehrerin von Jeff, einem siebenjährigen Jungen, der jeden Tag in der Schule dicke Lederhandschuhe trug. Sogar in der brütenden Sommerhitze trug er seine

Handschuhe. Seine Lehrerin bestand natürlich darauf, daß er sie wenigstens während der Unterrichtsstunden auszog, weil er mit seinen dick gepolsterten Fingern kaum den Bleistift halten konnte. Aber sobald es zur Pause klingelte, holte Jeff seine Handschuhe wieder hervor. Die Lehrerin konnte sich einfach nicht vorstellen, was hinter diesem Verhalten steckte. Warum nur wollte dieser Junge das ganze Schuljahr über diese dicken Handschuhe tragen? Während sie die Sache mit mir besprach, erwähnte sie nebenbei, daß Jeff das einzige schwarze Kind in der Klasse war. Damit war die Sache für mich klar. Wenn dieser Junge ein langärmeliges Hemd trug, konnte er seine schwarze Haut nur an seinen Händen sehen. Indem er nun aber die Handschuhe trug, versteckte er diesen »Fehler«, der ihn von den anderen in seiner Klasse unterschied.

Jeff verfuhr nach dem Motto: »Probleme? Was für Probleme? Ich habe keine Probleme!« Er wollte die Wirklichkeit einfach nicht sehen. Er wollte sich noch nicht einmal Gedanken darüber machen. Diese Methode, mit den Gefühlen der Unzulänglichkeit und Minderwertigkeit fertig zu werden, ist wohl in unserer heutigen Gesellschaft am beliebtesten. Hier liegen auch die Ursachen für das Millionenheer von Alkoholikern! Man braucht sich nur zu betrinken, und schon verschwinden alle Probleme.

Es gibt noch andere Möglichkeiten, um sich wenigstens für eine kurze Weile vor der Wirklichkeit zu verstecken. Denken wir doch nur einmal an den Drogenmißbrauch! Für viele junge Menschen kommt die Kapsel oder die Spritze sehr gelegen, um die vielen Selbstzweifel für kurze Zeit zu vergessen. Meine Arbeit mit Drogenabhängigen im Federal Narcotics Symposium, Los Angeles, bestätigte meinen Verdacht: Minderwertigkeitskomplexe sind zumindest mit die Ursache für Drogenmißbrauch.

Es gibt noch eine bequeme Methode, um die schmerzhafte Wirklichkeit einfach zu leugnen: psychotische Erfahrung. Der psychotische Mensch läßt einfach einen »Rolladen« herunter und verkriecht sich dann in seiner eigenen Traumwelt. (Die Psychose hat auch andere Ursachen, seelische bzw. biochemische Komplikationen eingeschlossen.) Er »überwindet« seine Probleme, indem er nicht zu ihnen steht. Sie sind für ihn einfach nicht da – meint er. Diese Methode ist wohl das untauglichste Mittel im Kampf gegen Minderwertigkeitskomplexe.

Viele der scheinbar unlösbaren sozialen Probleme, vor denen wir heutzutage stehen, ergeben sich aus verzweifelten Versuchen, die Gefühle der eigenen Unzulänglichkeit zu überwinden. Je größer die Selbstzweifel ihrer Mitglieder, desto stärker ist auch die soziale Ordnung einer Gesellschaft gefährdet. Nennen Sie das meinetwegen »Dobsonsches Gesetz«. Aber wie auch immer sie es nennen – es ist und bleibt eine Tatsache.

Muster Nr. 5

BLOSS NICHT AUFFALLEN!

Eines der größten amerikanischen Märchen besagt, die Amerikaner seien ein Volk von Individualisten. Wie gesagt: Wir haben es hier mit einem Märchen zu tun, denn die Wirklichkeit sieht ganz anders aus. Die Amerikaner sehen sich mit Vorliebe als Abraham Lincoln, Patrick Henry, oder sie reiten im Geiste als mutige Cowboys über die Prärie. In Wirklichkeit aber haben wir alle Angst vor dem Individualismus. Und deshalb verbrauchen wir einen Großteil unserer gesamten Energie bei dem Versuch, zu sein wie alle anderen auch. »Bloß nicht auffallen!« – nach diesem Motto schlängeln wir uns durchs Leben.

Die fünfte Methode des Kampfes gegen Minderwertigkeitskomplexe heißt also »Anpassung«. Diejenigen, die sich in dieses Persönlichkeitsmuster Nr. 5 fügen, haben Angst, selbständig zu entscheiden, einen eigenen Standpunkt zu vertreten. Wenn es sein muß, geben sie ihre eigenen Überzeugungen auf, damit die anderen sie nur mögen. Ich habe bereits ausführlich beschrieben, daß bei Adoleszenten die Anpassung an ihre Altersgenossen eine ganz erhebliche Rolle spielt. Dieser »Herdentrieb« kann zu den verblüffendsten Erscheinungen führen. Vor einiger Zeit sang bei uns beispielsweise ein Jugend-Chor das »Kampflied der Republik«. Während dieses Liedes nun, das von den jungen Leuten mit ganzer Hingabe und größter emotionaler Erregung vorgetragen wurde, fiel einer der Jugendlichen in der ersten Reihe plötzlich in Ohnmacht. Der Dirigent ließ sich dadurch nicht irritieren, sondern schlug auch weiter gleichmäßig den Takt. Aber die Idee, bei diesem Lied in Ohnmacht zu fallen, fand bei den Jugendlichen offensichtlich Anklang. Und schon ging der zweite Sänger zu Boden. Kurze Zeit später ließen sich die nächsten zwei auf die Erde fallen. Das ganze stellte sich gleichsam als Kettenreaktion dar. Fünf weitere Sänger wurden bleich im Gesicht und verschwanden alsbald in der Versenkung. Als der Dirigent schließlich den Einsatz zum abschließenden »Glory, Glory Hallelujah« gab, lagen zwanzig Mitglieder seines Chores bewußtlos am Boden. Das, liebe Leute, ist Anpassung in vollendeter Form!

Diese Anpassung ist es meiner Ansicht nach auch, die dazu geführt hat, daß sich der Drogenmißbrauch unter jungen Menschen so rapide gesteigert hat. Wir müssen uns deshalb endlich darüber klar werden, daß alle gutgemeinte Aufklärung über die Gefahren des Drogenmißbrauchs kaum etwas nützen wird. Die Jugendlichen wissen sehr genau, was sie ihrer Gesundheit antun. Aber obwohl sie das wissen, lassen sie sich vom Rauschgift in eine »schönere« Welt versetzen. Das heißt nun natürlich nicht, daß wir nicht auch weiterhin mit unverminderter Intensität Aufklärung bezüglich des Drogenproblems betreiben müßten. Zur Zeit sind solche Aufklärungskampagnen die einzige Möglichkeit, dieses schlimme Problem wenigstens einigermaßen in Grenzen zu halten. Aber letztlich werden wir erst dann von dieser Drogen-Epidemie befreit werden, wenn es nicht mehr in Mode ist, einen »Trip« zu machen. Erst wenn der Drogenmißbrauch nicht mehr »in« ist, werden unsere Jugendlichen die Finger vom Rauschgift lassen – keine Minute früher.

Die Anpassung spielt in unserer Gesellschaft eine derart dominierende Rolle, daß man ein ganzes Buch darüber schreiben könnte. An dieser Stelle soll der Hinweis auf die Tatsache genügen, daß Anpassung eine weitere, weit verbreitete Reaktion auf Minderwertigkeitskomplexe ist.

Muster Nr. 6

DIE LÖSUNG HEISST »KOMPENSATION«

Ich habe nun fünf Verhaltensmuster dargestellt, die wir immer wieder antreffen, wenn es um den Kampf gegen das Gefühl der eigenen Unzulänglichkeit geht. Dabei ist es beileibe nicht so, daß sich jeder Mensch frei für eines dieser fünf Muster entscheiden könnte. Immer wieder habe ich die Beobachtung gemacht, daß die Gesellschaft ganz genau festlegt, welcher Mensch zu welchem Verhaltensmuster »paßt«. So muß der dicke Junge zwangsläufig ein Clown sein. Es paßt einfach nicht zu ihm, sich schüchtern zurückzuziehen. Wir erwarten von ihm einfach, daß er ständig lustig durch die Gegend kugelt. Der Rothaarige hingegen muß sich jähzornig und aggressiv zeigen. Von ihm erwarten wir ein hitziges Temperament. Ein Mädchen mit fliehendem Kinn und piepsiger Stimme wiederum gehört zu der Kategorie »still und schüchtern«. Bei unseren Teenagern aber lösen diese verschiedenen Verhaltensmuster, in die wir sie eingruppieren, allzu oft heillose Verwirrung aus. So kommt es immer wieder vor, daß Adoleszente mit der Zeit jedes dieser fünf Muster durchlaufen, da sie sich in einer Lebensphase befinden, in der sie dabei sind, ihre eigene Persönlichkeitsstruktur erst zu entdecken. Aber letztlich lassen sie sich dann durch die Erwartungen prägen, die die anderen Menschen ihnen entgegenbringen. In der Tat tun wir meistens das, was man von uns erwartet.

Hieraus erklärt sich auch die Tatsache, daß wir uns in verschiedenen Gruppensituationen höchst unterschiedlich verhalten können. Ein Arzt beispielsweise muß auf seine Patienten einen »weisen«, ja geradezu allwissenden Eindruck machen. Sie wollen ihn einfach so sehen, und er richtet sich danach. Abends aber trifft er sich mit Freunden, die ihn noch von früher her als frechen Lausbuben kennen. Von Weisheit ist dann natürlich nichts mehr zu spüren. So kann sich die Persönlichkeit dieses Arztes innerhalb nur weniger Stunden um 180 Grad wenden. Seine Patienten würden ihn kaum wiedererkennen. Die meisten von uns fügen sich in das Bild, das sich die anderen von uns zurecht gezimmert haben. Das aber erschwert den Kampf gegen die Minderwertigkeitskomplexe ganz enorm. Wir müssen praktisch an zwei Fronten kämpfen. Auf der einen Seite geht es um die eigene Selbstvorstellung, auf der anderen Seite geht es darum, wie die anderen Menschen uns beurteilen. Viele Therapeuten übersehen leider diesen doppelten Aspekt.

Jetzt kommen wir zum letzten Punkt. Die fünf Persönlichkeitsmuster, die ich auf den vorangegangenen Seiten beschrieben habe, sind mehr oder weniger untaugliche Mittel im Kampf gegen Minderwertigkeitskomplexe. Sie verschaffen uns zwar zum Teil für den Augenblick Erleichterung, aber letztlich bleibt alles beim alten. Aber es gibt einen Weg, um mit den Minderwertigkeitsgefühlen fertig zu werden. Die Lösung heißt »Kompensation«. Ich habe diesen Begriff schon an anderer Stelle ausführlich erörtert. Jemand, der seinen Minderwertigkeitskomplexen mit diesem Mittel der Kompensation begegnet, kann das gedanklich folgendermaßen tun:

> Ich will in diesem Meer der Verzagtheit nicht ertrinken! Ich kann mir das nötige Selbstbewußtsein verschaffen, wenn ich nur genügend dafür tue. Deshalb will ich von nun an meine ganze Energie auf das Gebiet konzentrieren, das für mich persönlich am erfolgversprechendsten ist.

Was das für ein Gebiet ist,wird jeder selbst am besten wissen. Der eine malt gern, der andere spielt Klavier, der dritte ist ein begeisterter Fußball-Fan usw. Diese Art von Kompensation kann unserer Psyche das »dicke Fell« geben, das wir brauchen, um aufrecht und selbstbewußt durchs Leben zu kommen. Für eine in den USA berühmt gewordenen Studie von Victor und Mildred Goertzel wurden die familiären Verhältnisse von vierhundert sehr erfolgreichen Leuten untersucht. Es handelte sich um Menschen, die es allesamt geschafft hatten, die bis nach »ganz oben« gekommen waren. Unter diesen Menschen fanden sich so berühmte Namen wie Churchill, Gandhi, F. D. Roosevelt, Albert Schweitzer, Einstein, Freud. Die Erforschung ihrer früheren familiären Verhältnisse brachte einige Überraschungen mit sich:

1. Dreiviertel dieser Menschen lebten in ihrer Kindheit in Armut. Sie entstammten zerrütteten Elternhäusern und litten unter der herrischen und oftmals lieblosen Art, mit der

sie von ihren Erzeugern behandelt wurden. Die finanziellen Verhältnisse waren mehr oder minder schlecht. Die Eltern zeigten offene Ablehnung gegenüber den Berufszielen ihrer Kinder.

2. Vierundsiebzig von fünfundachtzig Schriftstellern kamen aus Familien, in denen sie ständige Spannungen zwischen den Eltern miterlebt hatten.

3. Mehr als ein Viertel dieser berühmten Leute hatten unter physischen »Fehlern« zu leiden wie Blindheit, Taubheit, Verkrüppelungen, eine besonders kleine Statur, ein Sprachfehler und ähnliches mehr.

Angesichts dieser Ergebnisse liegt es auf der Hand, den ungewöhnlichen Erfolg dieser Menschen dadurch zu erklären, daß sie ihre Nachteile durch die ihnen von Gott verliehenen Gaben zu kompensieren versuchten. Wahrscheinlich liegt hier letztlich die Quelle ihres Erfolges.

Es hat Tausende, vielleicht Millionen von Menschen gegeben, die mit Hilfe der Kompensation ihre Minderwertigkeitskomplexe abgebaut und sich mit der Zeit ein gesundes Selbstbewußtsein zugelegt haben. Ein geradezu klassisches Beispiel gibt uns das Leben von Eleanor Roosevelt, der ehemaligen First Lady der USA. Schon mit zehn Jahren verlor sie beide Eltern. Ihre Kindheit war die Hölle. Sie war alles andere als schön und fühlte sich zu niemandem so richtig zugehörig. Victor Wilson vom »Newhouse-Nachrichtendienst« berichtet: »Sie war eine ziemlich humorlose, introvertierte junge Frau, unglaublich schüchtern und unfähig, ihre persönliche Unsicherheit zu überwinden. Sie besaß keinen Funken Selbstachtung.« Aber wir wissen, daß sich Frau Roosevelt schließlich doch aus diesen psychischen Fesseln befreite. Ich zitiere wieder Wilson: »Aus irgendeiner Quelle schöpfte sie plötzlich einen unbeugsamen Mut, der sie schließlich zu bemerkenswerter Selbstdisziplin führte . . .«. Wir kennen mittlerweile den Namen dieser »Quelle«: Kompensation!

Es kommt letztlich entscheidend darauf an, welche Einstellung ein Mensch zu seinen Schwächen hat. Von ihr hängt sein ganzes weiteres Leben ab. Häufig macht man soziale Umstände für

Verhaltensweisen verantwortlich, die sich gegen unsere Gesellschaftsordnung richten. So sieht man in der Armut die Ursache für Kriminalität; zerrüttete Familienverhältnisse, so hört man, erzeugen jugendliche Verbrecher. Auch der Drogenmißbrauch wird damit erklärt, daß unsere Gesellschaft »krank« ist. Aber mit derartigen Urteilen nehmen wir dem einzelnen Menschen jegliche Verantwortung für sein Verhalten ab, und das kann letztlich keine erfolgversprechenden Auswirkungen haben. Jeder von uns muß entscheiden, was er gegen seine Minderwertigkeitskomplexe tun will.

Zugegeben: Es gehört schon einiges dazu, die eigenen Schwächen zu überwinden, noch dazu, wenn sie durch nichts auf der Welt zu beseitigen sind. Die Kompensation erfordert schon ein gerüttelt Maß an Energie, bei den einen mehr als bei den anderen. Der leichteste Weg ist immer noch der, sich im Selbstmitleid zu wälzen, in einen »Trip« zu flüchten, die Welt und ihre Menschen zu hassen, sich zurückzuziehen, Kompromisse zu schließen. Wie wir uns auch immer entscheiden mögen, die Entscheidung liegt bei uns. Niemand kann sie uns abnehmen.

Ich habe schon an anderer Stelle ausführlich erörtert, daß die Eltern die Möglichkeit haben, ihr Kind langsam dahin zu führen, daß es seine Schwächen kompensiert. Wenn Sie diese entscheidende elterliche Pflicht nicht erfüllen, wird Ihr Kind sich wahrscheinlich in eines der anderen fünf Verhaltensmuster fügen. Und die, wie gesagt, sind nicht sehr erfolgversprechend. Es gibt also sechs Möglichkeiten, den Minderwertigkeitskomplexen zu begegnen. Die Lösung heißt: Muster Nr. 6, sprich Kompensation.

FRAGEN UND ANTWORTEN

1. *Zorniges und feindseliges Verhalten wurzelt also oft in Minderwertigkeitskomplexen. Können Sie uns einige Beispiele dafür nennen?*

Diese Beispiele gibt es zur Genüge. Immer wieder erweist sich Zorn als Reaktion auf Minderwertigkeitskomplexe. Aber nun zu den Beispielen. Die Emanzipationsbewegung der Frauen habe ich schon erwähnt. Weiter wären da die Bürgerrechtsbewegung der Schwarzen in Amerika oder die Jüdische Verteidigungsliga zu nennen. Minderwertigkeitskomplexe können sogar ein Volk dazu veranlassen, sich in Kriege einzulassen. Hitler operierte im Jahre 1939 mit dem tief im deutschen Volk verwurzelten Gefühl der Schwäche, das die Niederlage im ersten Weltkrieg hervorgerufen hatte. Eigentlich, so Hitler, seien die Deutschen die Herrscher, nicht die Verlierer. Er machte sich die Minderwertigkeitskomplexe eines besiegten, gedemütigten Volkes zunutze. Das donnernde »Ja!« auf die Goebbels-Frage »Wollt ihr den totalen Krieg?« dürfte letztlich hierin begründet liegen. In jüngerer Zeit war der Angriff der Araber gegen Israel im Jahre 1973 hauptsächlich dazu bestimmt, die schändliche Niederlage im Sechstage-Krieg wieder wett zu machen. Die Welt verspottete die Araber wegen ihres kläglichen Versagens. Und das war wesentlich schlimmer für sie als alle Gebietsverluste, schlimmer auch als Tod und Zerstörung, die jener Krieg mit sich gebracht hatte. Kurz nach Beginn des Krieges im Jahre 1973 wurde ein arabischer Journalist im »Time Magazine« (22. Oktober 1973) zitiert:

> Ob die Israelis jetzt zum Gegenangriff übergehen und uns zurücktreiben, ist eigentlich völlig egal. Wichtig ist nur, daß die Welt nicht mehr über uns lacht.

Es mehren sich die Anzeichen dafür, daß Minderwertigkeitskomplexe auch hinter vielen Vergewaltigungen stehen. Der Geschlechtsverkehr allein treibt diese Männer nicht. Den können sie sich von jeder Prostituierten erkaufen. Es geht um etwas ganz anderes. Die meisten dieser Männer, so glaube ich, wollen ihre Opfer demütigen. Als Jugendliche hatten sie bei den Mädchen keinen Erfolg, und auch als junge Erwachsene stießen sie bei dem anderen Geschlecht nur auf Ablehnung. Nun beweisen sie ihre sexuelle Überlegenheit mit Gewalt.

In den letzten Jahren hat in den Klassenräumen das aggressive Verhalten der Schüler zugenommen. Auch hier dürfte es sich hauptsächlich um eine Reaktion auf die eigenen Minderwertigkeitsgefühle handeln. Ich sehe jedenfalls keine bessere Erklärung angesichts des Millionenschadens, der alljährlich von Jugendlichen in ihren Klassenräumen durch rohe Gewalt angerichtet wird. Tagsüber werden diese Schüler gedemütigt, erfahren sie immer wieder die eigene Unzulänglichkeit. Und nachts rächen sie sich dann dafür.

Ich könnte noch zahlreiche andere Beispiele anführen. Deshalb bleibe ich auch bei der Behauptung, daß das soziale Chaos, vor dem wir heutzutage stehen, letztlich auf das Konto der Minderwertigkeitskomplexe geht. Es gibt natürlich noch andere Ursachen, aber im Vordergrund steht doch das Gefühl von Schwäche und Unzulänglichkeit.

2. *Sie behaupten, daß sich ein Mensch so verhält, wie es die anderen von ihm erwarten. Können sich die Eltern diesen Umstand nicht für die Erziehung ihres Kindes zunutze machen?*

Bestimmt können sie das. Wenn Eltern ihrem Kind immer wieder sagen, es sei faul, schlampig, unehrlich, ungezogen, so wird sich das Kind wahrscheinlich alle Mühe geben, um diesen negativen »Anforderungen« gerecht zu werden. Sie erreichen also genau das Gegenteil, wenn Sie Ihrem Kind immer wieder seine negativen Seiten vorhalten. Ich möchte die Konsequenz, die wir aus dieser Erkenntnis ziehen müssen, in einem Bild verdeutlichen: Es erweist sich für die Entwicklung eines Kindes als wesentlich besser, wenn es sich nach einem Ideal ausstrecken muß, als wenn es sich ständig bücken muß, um sich seinem fast am Boden liegenden Image anzupassen.

3. *Mein Sohn ist drei, aber noch immer ist er äußerst schüchtern. Fremden gegenüber reagiert er ängstlich. Nur wir dürfen ihn auf den Arm nehmen. Was kann ich dagegen tun?*

Bei einem Dreijährigen ist Schüchternheit kein Grund zur Sorge. Ihr Sohn zieht sich nur in die Geborgenheit des ihm Vertrauten zurück, während er sich gegenüber allem Neuen und Unbekannten skeptisch verhält. Ich beurteile das als ein ausgesprochen vernünftiges Manöver. Es wäre falsch, wenn Sie ihm nicht auch weiterhin die Geborgenheit Ihrer Arme anbieten würden. Allerdings muß er mit der Zeit lernen, weniger ängstlich zu sein, wenn er in einer ungewohnten Umgebung oder vor fremden Menschen steht. Wenn sich seine Scheu vor allem Unbekannten auch im nächsten Jahr unvermindert fortsetzt, sollten Sie ihn in den Kindergarten bringen. Diese Methode hat bisher noch immer den meisten Erfolg gebracht. Vielleicht bereiten Sie ihn sorgfältig auf die Kindergartenzeit vor. Ich schlage vor, daß sie im Rahmen dieser Vorbereitung vier Schritte unternehmen:

1. Sprechen Sie von den vielen schönen Dingen, die ihn im Kindergarten erwarten.

2. Besuchen Sie mit ihm mindestens zweimal seine künftige Betreuerin, wenn möglich an zwei Tagen hintereinander und zu einer Zeit, wenn die anderen Kinder schon nicht mehr da sind. Geben Sie der Kindergärtnerin einige Tips. Sagen Sie ihr beispielsweise, wie sein Teddy heißt, womit er am liebsten spielt.

3. Gehen Sie mit ihm dann noch einmal zum Kindergarten und lassen Sie ihn sich die anderen Kinder beim Spielen betrachten. Er braucht ja mit diesen Kindern vorerst noch keinen Kontakt aufzunehmen.

4. Und dann bringen Sie ihn schließlich in den Kindergarten. Setzen Sie ihn dort ab, und gehen Sie wieder nach Hause, auch wenn er noch so sehr schreit. Er wird sich sehr bald an die anderen Kinder und die neue Umgebung gewöhnen.

Kurzum: Schüchternheit bei einem Dreijährigen ist wirklich kein Grund zur Beunruhigung.

4. *Noch einmal zu den Verhaltensmustern: Ist es besser, daß sich ein Kind zurückzieht, oder sollte man es dazu bringen, gegen seine Minderwertigkeitskomplexe anzukämpfen?*

Sie könnten mich ebensogut fragen, ob ich es vorziehen würde, daß mein Kind Mumps statt Masern bekommt. Beide Verhaltensweisen, Defensive wie Offensive, sind letztlich untaugliche Mittel im Kampf gegen Minderwertigkeitsgefühle. Wenn ich allerdings gezwungen wäre, mich doch zwischen diesen beiden Verhaltensmustern zu entscheiden, so würde ich die Vorwärtsverteidigung wählen. Sie ist jedenfalls etwas besser als die totale Kapitulation.

6

Die wahren Werte

Zum Schluß kehren wir wieder zu unserem Ausgangspunkt zurück, zur Frage nach den sozialen Werten. Physische Anziehungskraft, Intelligenz und Materialismus, so haben wir festgestellt, sind letztlich für den menschlichen Wert nicht von entscheidender Bedeutung. Nun müssen wir uns entscheiden, was wir an die Stelle dieser verkehrten Wertskala setzen wollen. Haben Sie einmal bewußt geprüft, welche Werte Sie Ihren Kindern vermitteln? Verfahren Sie in der Erziehung Ihrer Nachkommen nach einem gut durchdachten Plan? Der menschliche Geist braucht etwas Sinnvolles, an dem er sich orientieren kann. Die Verantwortung, die wir Eltern gegenüber unseren Kindern haben, ist viel zu wichtig, als daß man bei der Erziehung alles nur auf sich zukommen lassen dürfte.

Der wertvollste Beitrag, den Vater und Mutter für die Entwicklung ihres Kindes leisten können, besteht darin, ihm einen echten Glauben an Gott zu vermitteln. Es gibt einfach keine größere Befriedigung für das menschliche Ego als das Wissen, daß der Schöpfer des Universums mich persönlich kennt! Daß er mich mehr schätzt und achtet als alle Reichtümer dieser Welt; daß er meine Ängste und Sorgen versteht: daß er mir in seiner unermeßlichen Liebe seine Hand reicht, wenn sich sonst niemand um mich kümmert; daß er sogar seinen einzigen Sohn für mich opferte; daß er mein Leben mit Ruhe und Zufriedenheit erfüllen kann; daß ich mich auf ein besseres Leben freuen darf, in dem es keine Not und Angst mehr geben wird, in dem alle irdischen Schmerzen, alles Leid ein Ende haben werden. Welch eine phantastische Botschaft der Hoffnung für einen deprimierten Teenager, welch eine Ermutigung für einen gebrochenen Menschen! Hier finden wir die höchste Befriedigung, das größte Selbstbewußtsein. Hier kommt es nicht auf die soziale Stellung oder die Herkunft eines Menschen an. Für Gott zählen diese Nebensächlichkeiten nicht. Wenn diese Verheißung »Opium fürs Volk« ist, wie Karl Marx sagte, so bin ich unheilbar »süchtig«.

Warum betone ich die Rolle des christlichen Glaubens so stark in bezug auf Selbstachtung und Würde unserer Kinder? Weil dieser Glaube den einzigen Weg zeigt, der uns von der Tyrannei des Ichs befreien kann. Ich versichere Ihnen: Das menschliche Ego ist ein kaltblütiger Diktator. Wenn es unbefriedigt bleibt, wie es bei Lee Harvey Oswald der Fall war, kann es sein Opfer lähmen, kann es jeden Funken Selbstvertrauen, jedes Quentchen Initiative sofort zum Erlöschen bringen. Aber auch wenn wir das Bedürfnis nach Selbstachtung befriedigen, wird uns das letztlich nicht viel nützen. Hunger kann man sättigen, Durst kann man löschen, aber das Verlangen nach Selbstachtung können wir nie völlig befriedigen. Die großen Generäle dieser Welt sind keine Spur demütiger und menschlicher geworden, obwohl sie Macht und Ruhm erlangt hatten, obwohl sie von Millionen von Soldaten und Zivilisten geehrt und verherrlicht wurden. General Douglas McArthur, General George Patton, Feldmarschall B. L. Montgomery, General Charles de Gaulle und die anderen Militärführer der Alliierten des Zweiten Weltkriegs glänzten nicht gerade vor Demut und Selbstaufopferung. Könige und Königinnen, Politiker und erfolgreiche Sportler, auch die berühmten Ärzte werden immer egozentrischer, je mehr sie an Ruhm und Achtung gewinnen. Ich habe sogar die Beobachtung gemacht, daß Menschen, die berühmt und erfolgreich sind, zuweilen in ihren Wünschen und Forderungen geradezu kindisch werden.

Die beiden brutalsten Mörder aller Zeiten, Josef Stalin und Adolf Hitler, ertranken geradezu in der Befriedigung ihres eigenen Egos. Während Stalins Macht in Rußland zunahm, verlangte er von seinen Leuten immer mehr Unterwürfigkeit und Anbetung. In jeder Stadt und in jedem Ort ließ er sich ein Denkmal setzen. Ungezählte Straßen mußten nach ihm benannt werden. Sogar eine ganze Stadt erhielt seinen Namen. Stalin wurde immer stolzer, aber er wurde gleichzeitig auch immer brutaler. Jeder, der es wagte, ihm zu widersprechen, verschwand von der Erdoberfläche. In einer der schockierendsten Anwandlungen von Größenwahnsinn ließ er viele Menschen ermorden, die in seiner Heimat lebten und ihn von früher her kannten. Er wollte alle Zeugen seiner Kindheit ausmerzen, um dann seine Geschichte ganz neu schreiben zu können. Können Sie sich vorstellen, daß ein alter Lehrer mit verbundenen Augen zur Exekution geführt wird, bloß weil er sich an einen früheren Schüler erinnert? Stalin soll die kaltblütige Ermordung von zehn bis dreißig Millionen Menschen veranlaßt haben. Ein besonderer Grund für ihre »Beseitigung« bestand nicht. Stalin wollte nur sein größenwahnsinniges Ego befriedigen.

Die Geschichte von Adolf Hitler ist besser bekannt, aber sie ist nicht weniger entsetzlich. Es gibt hinreichende Veranlassung zu der Annahme, daß er sechs Millionen Juden nur deshalb erbarmungslos vernichten ließ, weil er ihre Rasse für seine eigenen Minderwertigkeitskomplexe verantwortlich machte. Das Ego des Menschen ist ein schrecklicher Tyrann, wenn man ihm freien Lauf läßt.

Wiederum sind es die Prinzipien des christlichen Glaubens, die uns von dieser Tyrannei befreien können. Sie sagen uns, daß wir uns mehr um den anderen als um uns selbst kümmern müssen. Sie lassen uns die Menschen nach anderen Wertmaßstäben beurteilen, als es die Gesellschaft tut. Jesus Christus sagte nie, daß schöne Menschen wertvoller sind; er sagte nie, daß Intellektuelle einen höheren Rang auf der Wertskala einnehmen; von ihm kennen wir keine Bewunderung für finanziellen Reichtum; er hätte sich kaum beeindruckt gefühlt angesichts eines »blaublütigen« Menschen. Im Gegenteil! Im sechzehnten Kapitel des Lukas-Evangeliums können wir nachlesen, was Jesus zu unseren sogenannten Werten sagt. Dort heißt es im Vers 15:

> Denn was bei den Menschen hoch angesehen ist, das ist ein Greuel vor Gott.

Vor Gott zählen die Dinge, die wir so sehr schätzen, nichts. Gott sieht ganz genau, wie töricht es von uns ist, vor vergänglichen »Werten« auf den Knien zu liegen.

Aber was zählt denn nun bei Gott? Wir können unser System nicht durch ein besseres ersetzen, wenn wir nicht wissen, was Gottes Wille ist. Glücklicherweise gibt uns die Bibel einen Schlüssel zu Gottes Wertsystem, das er für uns Menschen entworfen hat. Es besteht aus sechs überaus wichtigen Prinzipien: 1) Hingabe an Gott; 2) Liebe zu den Menschen; 3) Achtung vor der Autorität; 4) Gehorsam gegenüber den göttlichen Geboten; 5) Selbstbeherrschung; 6) geistliche Demut. Diese sechs Wertmaßstäbe kommen vom Schöpfer selbst. Sie sind gültig in alle Ewigkeit. Wenn wir uns an dieser Wertskala orientieren, haben wir auch reelle Chancen, unsere Kinder zu den wirklich guten und gültigen Dingen im Leben zu führen. Dann brauchen wir keine Angst mehr zu haben, unser Kind könnte diesem Leben nicht gewachsen sein. *Gottes Werte führen nicht zu Neurosen und Verzweiflung, wie das bei den menschlichen Werten der Fall ist, sondern zu seelischer und physischer Gesundheit.* Das meint doch wohl auch Jesaja 54, 13: »Und alle deine Kinder werden vom Herrn gelehrt, und groß wird der Friede deiner Kinder sein.«

Das gesunde Selbstbewußtsein, das Christus lehrte, kennt nichts von Hochmut oder Stolz, von Minderwertigkeitskomplexen oder totaler Kapitulation vor dem Leben. Am Anfang stehen Ehrfurcht vor Gott und Achtung vor jedem Mitglied seiner menschlichen Familie. Unsere Mitmenschen sind weder besser noch schlechter als wir. Wir sollen sie lieben, wie wir uns selbst lieben. Wenn wir diesen Weg beschreiten, wird der Begriff »Minderwertigkeitskomplexe« sehr bald zu einem Fremdwort für uns werden.

Versuchen Sie es mal mit diesem Weg! Es gibt keinen besseren!